心靈練習本

黃慧娟——著

勇敢去飛

——讓艾瑞克森陪你找回內心的力量

太雅

目錄

自序

滿有希望——你有修復自己生命歷程的力量

黃慧娟

台灣在70年代開始大量引進心理學思潮，本人在念書期間接觸了艾瑞克森的人生八大階段理論，深受吸引。其實這個理論也深獲心理學界喜愛。到今天仍歷久彌新，可見其理論的實用性。

我盡可能閱讀相關書籍，也不時以此理論反思自己的生命歷程，努力按著艾瑞克森的指引去實踐。經過多年操練，得到一些心得，規畫出十堂課的工作坊，二十多年來，斷斷續續開課，曾有幾次是公司和基金會請我到辦公室爲員工開課，其實夥伴們一起學習的效果最好。這個工作坊很受歡迎，幾乎所有參與的學員都能從中獲益，每個學員都親身體會到，個人生命經過操練之後都大大提升或創傷得以修復，能以更寬容的態度面對每一個人。

本書在進入具體操練之前，難免要先對這理論做一個簡單的介紹，第一章大家可能會覺得生澀、無趣，或不易理解。其實不用太在意，接下會一章一章地深入介紹各個階段，具體提出如何操練，這時就活潑有趣了，甚至讓人愛不釋手，欲罷不能。

艾瑞克森將人的一生分成八個發展階段，越早期發生的事件對人的影響越大，在長大成人之前的五個階段，對一個人的影響大於成人之後，尤其是第一階段的嬰兒期，及第五階段的青春期。

「人生不如意事十之八九。」我們在成長過程中，難免會有受傷的經驗，天下沒有不是的父母，極少有人會故意傷害另一個人，更不可能傷害自己的親生骨肉。所以說，造成的傷害常常是無心的。所幸艾瑞克森的理論讓我們對修復自己生命的歷程充滿了信心。不過，再好的理論，也要自己下定決心，學以自用，要有改變自己的強烈動機。心理學家也強調：「20歲之前的生命可以怪父母，20歲之後就要怪自己了。」

隨著本書做操練時，特別是進行修復時，要把重心放在自己的成長經歷，對症下藥，才有效果，不要害怕重新回顧自己的傷痛經驗。隨著書本展開重整自己的功夫：第二、三章談的是嬰兒期，第四章是幼兒期，第五章是學前期與學齡期，第六、七章是青春期。這幾章帶領大家進行補強與修復的操練。第八章和第九章談的是成人的能量，提供大家增加自我心理能量的操練。成年期應該正是大家的進行式，我們一起努力，讓自己更充滿成人的正能量。第十章是回顧與統整。

將工作坊以書本的形式呈現，多少也有一些限制，例如：拿到書的人很容易只當作一本書來閱讀，不去操練。少了同儕的激勵，個人要很有毅力才能持續操練。少了彼此的互動與分享，也少了對操練的回饋，激不起操練的興趣。不過每章後面有學員分享，多少可以彌補這些缺憾。

出版人序

我本來就該這樣美好

張芳玲 總編輯

我喜歡閱讀。在18歲之後被坊間大眾心理學的書籍吸引。透過閱讀，感覺書裡的描述，好像是在講自己。這會讓我感到被同理，進而好奇心理學究竟可以提供我，怎樣的自我修復之道呢？

我發現家庭帶給人的傷害，造成一個人長大後，在面對類似處境時，會做出太激烈，或是太壓抑，這種過猶不及的反應，似乎怎樣都拿捏不好。而心理學的書籍雖然可以幫助人察覺、檢視自己，有哪些損傷之處，卻未必能幫助人做出改變。

一直到我成年後，接觸到心理輔導課程、靈修輔導課程，這當中包含了黃慧娟老師的工作坊。我體會到，心理學的理論需要配合規律而長期的練習和記錄，反省與分享，才有可能經歷到生命被修復的真實性。

黃慧娟老師在成爲修女之後，曾經前往馬尼拉受心理專業的培育，對特殊兒童教育、家庭輔導特別擅長。她在耕莘文教院曾經長達12年，不停地開小團體的工作坊。爾後，她調職到台南時，我意外地發現，在毫無廣告宣傳的情況下，竟然又有一群基督教友，成群結隊地跟著她學習。

上帝給祂的兒女都有天賦才華，黃慧娟修女特別懂得將心理學轉化成實際可以執行的生活操練，我的一股熱情讓我將她的工作坊材料編輯成書，分別是《自我察覺心靈練習本》、《可以獨處，也可以親密》，還有這一本《勇敢去飛—讓艾瑞克森陪你找回內心的力量》。做完這些，我體悟到上帝兒女的天賦恩賜，互相交流的結果，會帶給其他人類益處，而不再停留我們自己身上，這令我們更加感恩。

《勇敢去飛—讓艾瑞克森陪你找回內心的力量》這十堂課，我在15年內上過三次，意思是我自願每隔五年重修一次。回顧這15年，我最大的收穫，就是我不斷地陪伴驚嚇、壓抑、孤單的我——大約就是一歲到六歲左右，給她安全感，肯定她具有最神奇的生命力，讚美她是最迷人的，同意她可以犯錯，並建立她信心——你有力量可以面對生命的無常。

我有什麼不同呢？我去做了很多我原本光想，卻不敢去做的事情，我去了我曾光想，但是不敢自己去旅遊的地方。我不再只是我父母撫育長大的孩子，我更是我自己撫育長大的孩子。這改變了太多事情，這件事情叫做：「我本來就該這樣美好！然後，我現在是了！」

第一章

艾瑞克森與他的人格八階段發展理論

艾瑞克森發展出來的認同理論，
與他迫切渴望尋求身分認同具有密切關係，
這就是爲何他的理論可以幫助人探索「自我認同」，
還能自我修復，讓內在變得成熟、有力量，
可以照顧到自己的需求，
又能面對社會環境的限制。

心理學家艾瑞克森的「心理社會發展論」將一個人橫跨一生的生命週期，劃分爲八個階段，主張每個階段都有其發展的任務，也有發展的危機，每一個階段能不能適當發展？與個人當時的社會主流環境有很大的關係。

艾瑞克森所建立的理論是從「自我」出發，個體出生後，就不停地與社會環境互動，並在互動中，持續自我發展，以至成熟。個體與社會環境互動時，一方面要從環境中滿足自我成長的需求，另一方面又要滿全社會對自我的要求與限制。在這過程中，不可避免地會碰到個體需求與社會要求彼此產生衝突，艾瑞克森稱此爲「發展危機」（developmental crisis）。

人生每個階段都有人格發展的重點

艾瑞克森在每一階段都提出了兩相對立的性格傾向，例如：第一階段的信任與不信任。這些兩相對立的性格傾向，將在下面各章一一詳細解釋。個人若能在其中取得平衡，便能發展出各階段的心理社會能量，包含目標、希望、意志、能力、忠誠、愛心、關懷和智慧，在社會環境中展現出良好的適應力。若在取得平衡的過程中，遭受挫折或困難，便會產生發展失序的狀況，失序包含發展不足與過度發展，二者皆會使人在生命歷程中產生不當反應，與社會環境產生衝突，並削弱後面各階段要發展的心理能量，及削弱善用社會資源的能力。

艾瑞克森強調每個階段都是前一階段的延續，也都是下一階段的基礎，不可停滯，也不可越級；如果循序漸進，順利發展，就能發展出積極、正向的觀念和態度，也強化了化解危機的能力，這叫做成熟。

如果在某個階段受到創傷，碰到的危機無法突破，無法解決衝突，就會產生消極、負向的觀念和態度，反應不出該階段的心理社會能量。受到的傷害越強，內在潛能越停滯不前、該階段的能量無法發揮的狀況也越強，甚至產生退化現象，就叫做幼稚、不成熟。

每個階段受到創傷，致使該階段要發展的潛能無法順利發展。所幸，艾瑞克森也強調只要個人藉由不斷學習，不斷調整，以新的形式重新經歷早期的生活、有意識的統整心理需求，和面對社會環境的限制，就可以達到平衡的狀態。

賦予自己姓氏，成爲自己父親的艾瑞克森

介紹每個階段之前，先來介紹一下這位當代偉大的心理學家：

發展心理學家艾瑞克森（德語：Erik Homburger Erikson，德裔美籍，1902～1994年），早期吸收了弗洛依德學派，最後自成一格，以心理社會發展理論著稱，他還以認同危機（identity crisis）一詞而著名。

艾瑞克森的母親卡拉，猶太人，嫁給了所羅門森（Valdemar Isidor Salomonsen），但婚姻關係疏離，在發現自己懷孕後，就離開所羅門森到德國法蘭克福，愛利克出生後掛上了生父所羅門森的姓氏，但愛利克的生父鮮為人知，只知道他是丹麥籍人。1905年卡拉改嫁猶太人兒科醫師，霍姆伯格（Theodor Homburger），愛利克．所羅門森的名字便改成愛利克．霍姆伯格。

艾瑞克森從小就對自己的身分產生疑問，他終其一生不知道自己的生父是誰，雖然

父母親一直騙他繼父就是生父，但艾瑞克森還是覺得不對勁。雖然繼父很愛他，但對自己身份的疑惑仍然使艾瑞克森與繼父不親。雖然父母將他的身世保密到家，但他的個高、金髮、藍眼在猶太宗教環境中引起注意，孩子們取笑他是北歐人；但在一般學校裡，同學又取笑他是猶太人。養父希望他跟隨自己走上醫學之路，但他卻跑去慕尼黑學藝術。在這期間，他繼續與父親冷戰，繼續處理他對種族、宗教與國家認同的問題。

艾瑞克森發展出來的認同理論，絕對與他迫切渴望尋求身分認同具有密切關係，也許這就是促使了他探索「自我認同」的動機，直到1936年艾瑞克森成了美國公民之後，即將他的姓氏，從「霍姆伯格」改為「艾瑞克森」。

他將自己的名字改為愛利克．艾瑞克森（Erik．H．Erikson）似乎才停止了對自我認同的掙扎，並繼續深化他對人格心理發展領域的興趣。

編者注：本段介紹，除作者的學識之外，酌量參考網路百科資訊，使其介紹更為完整。

重新把自己生出來，在自我建構中化解認同危機

艾瑞克森說他是自己的兒子，他把自己生出來。確實如此，我們的一生就是努力把自己生出來，自我認同其實貫穿了人的整個生命歷程，人一生的發展就是尋找、確認並完成自我建構的過程，在不同的人生階段，要學習適應不同的困難，化解不同的危機，以完成統整的自我。

下面將對各個階段的發展做一簡短介紹，如欲更詳細研究，可參考坊間相關書籍。各階段區隔出的年齡數字只是參考，現代人的生涯發展與艾瑞克森時代已經往後推了幾年，例如教育的普及與提升，已經將結婚之前的青春期大大地延後了好幾年；台灣也已於民國97年將退休年齡由60歲往後移到65歲。

一、嬰兒期（infancy，約0～1歲）：信任←→不信任

0～1歲是人生中最具影響力的階段，信任或不信任具有強烈的社會性，自此以往，在親子、手足、玩伴、同儕、同事，甚至陌生人的互動中，都以信任或不信任爲基礎。信任與

不信任的發展攸關本人與母親（主要照顧者）關係的品質。

此時母親對嬰兒唯一要做的就是：照顧，在嬰兒有需要的時候，母親及時出現，表達關切、溫暖、呵護、喜愛、陪伴，給予足夠的安全感。沒受到適當照顧的人無法獲得安全感，永遠帶著尋求被照顧的渴求，猶如急切尋求吃奶的小嬰兒，成為一個不斷尋求別人認可的巨嬰（嬰兒心態的成人）。缺乏擁抱的嬰孩，長大後會較容易有不正常的親密關係。

當嬰兒受到適當照顧之後，會覺得自己很不錯，覺得自己很不錯時，也會覺得照顧者很不錯，因此對自己、他人與外界都產生了信任感；信任自己與信任別人讓他面對一切都充滿信心，發展出「希望」的心理社會能量。希望是整個人格發展最重要的根基，使個人對未來抱持積極、正向的看法，對人生抱持較樂觀的態度，即使面對曖昧不明的情況，仍然具有前進的動力和希望。

過猶不及，過多的照顧也是不當照顧的一個現象：過分溺愛，過分關心，例如怕他餓而餵太多，怕他冷而穿太多等等，過分照顧造成過度信任人的「依賴」性格，會過於輕信他人的言行，而容易受騙受害。

相反的，長期忽略嬰兒的需要，沒有及時給予應有的照顧，例如餓了不給吃，冷了不給穿等等，使人產生一種被遺棄的羞恥感，心靈深處感覺自己不被認可，不值得被愛，因而過度不信任人，造成「退縮」性格，對自己、他人及環境產生懷疑、緊張、害怕、負面的情緒，凡事畏縮不前、迴避他人，總覺得凡事自己來，無法信任他人，無法大方接受他人的幫助。

適應良好的嬰兒能在「信任 vs. 不信任」間取得平衡，他對世界感到樂觀、有希望，也承認世途艱險，處事必須警醒；他對自己的感覺和判斷有自信，也承認自己有限度、有缺點；他相信自己能獨力完成任務，也知道遭受失敗、挫折時，會有值得信任的人適時提供支援與協助。

二、幼兒期（early childhood，約 1～3 歲）：獨立自主←→羞愧懷疑

此時的幼兒開始學習自己做事，邁開人生步伐，可以到達自己想去的地方，發現世界的廣闊；開口說話，發現了語言的魔力；也試著學會自己上廁所，自己吃飯，甚至可以幫媽媽

擦桌子、掃地，感受到獨立自主的喜悅。

學習做事的同時，也學會對自己的想法、需求、情緒與行爲的自我管理能力，因而發展出「意志」的心理社會能量，意志是自由選擇與自我約束的剛強力量，是長大後在法律之下享受自由的必要基礎，這個「內在動能」，使人懷著希望去從事有興趣的活動、追求自己的目標；並能設身處地，爲人著想，尊重他人。

父母的溺愛、縱容，給予過多的自主性，導致「任性」性格，需求必須立即獲得滿足，無法延宕；常常爲達目的，不顧他人的感受，爲所欲爲，無法無天，忽略現實社會中的種種限制或自己的能力不足。

相對的，父母過於嚴苛的訓練或過高的要求，使孩子在屢屢失敗中，對自己的能力沒有信心，產生羞愧感與自我懷疑，導致「衝動」的性格。因爲他的自我懷疑，使他不知自己該追求什麼，很容易順著本能的衝動貿然行事，容易受周遭環境干擾，受別人影響。通常也缺乏自我管理能力、沒有時間觀念，凡事拖拉，生活雜亂無序。又因沒有目標，很容易爲了滿足他人的要求，而忽略自己的需求與權利，或爲了一己之私，不尊重別人，做錯事時，容易引發罪惡感與諉過的心態。

適應良好的幼兒能在「獨立自主 vs. 羞愧懷疑」之間，取得平衡，適度的自主性可以增加自我的存在感、能力感與成就感，而適度的羞愧和懷疑則讓人正視自己能力的極限與現實社會中的限制。

三、學前期（play age，約 3～6 歲）：自動自發 ↔ 破壞操縱

此時開始出去與人玩在一起，打球、畫畫、玩遊戲等，學習的對象由家人開展到外人，學習範圍更廣大，諸如：學習與人合作、截長補短、處理爭執、知道如何與人競爭而不損人利己、遵守遊戲規則、排隊等候……等等。

在幼兒園透過遊戲、兒歌、故事等，激發出想像力、創造力與好奇心，培養出追尋「目標」的內在動機，以主動、積極、進取的態度去從事有興趣的活動，並與他人合作。

父母無限制地讓孩子自由探索，過份放任、溺愛，過度主動、積極，造成「自我中心」的人格特質，極度的自我擴張、恣意妄爲，爲了達成自己的目標，而不顧他人的感受。

相對的，父母若管教過嚴，要求過高，過度限制孩子的自由探索，造成「自我貶抑」的人格特質，不敢表達自己、不敢作決定，容易犧牲自己的欲望與權利，以滿足他人的要求，也常擔心打擾別人而不敢要求別人幫忙。

在「主動 VS. 罪惡感」之間取得平衡者，以主動積極態度合理追求自己的目標與興趣，熱愛的工作，也發展良好的社交技巧，擅於察言觀色，懂得尊重他人，不打擾他人。而從做錯事被責罵、糾正的過程中，培養正確的罪惡感，讓人學會設身處地、爲人著想、尊重他人。

四、學齡期（school age，約 6～12 歲）：勤勉←→自卑

此時開始進入學校的正規教育，嬰兒期的自信心、幼兒期的獨立自主、學前期的自動自發讓一個孩子繼續發展出勤勉的德性。若發展良好，兒童可以因爲自己勤勉而獲得的成就，培養出盡義務的責任心，容易與人合作、有解決問題的方法、工作愉快而滿足，發展出獨立、領導、負責、體貼、寬容等美德。但若經常在學校的競爭中感受到失敗，則容易造成自卑、退縮、反抗。

伴隨勤奮勉勵而來的學業成就，可以建立自信、肯定自己的「能力」，在課業上輕鬆自在地運用自己的聰明才智，擁有爲達成更複雜的任務，而勤奮不懈的勝任感。

在課業上過度勤勉努力，而忽略了廣義的學習，造成「領域狹隘」的升學主義認知模式，因過於專注學科成績，而缺乏學習的彈性，只以成績高下衡量自己的價值與能力，無法發掘自己在課業以外的天賦與興趣。

相對的，在學習上施加過大壓力，而使學童逃避學習，能混則混；或學習上屢受挫敗、成績老是不如人，導致「再努力也趕不上」的無助感；或因成績不好，受到懲罰，產生努力不被肯定的自卑心態；這些學習上的挫折，都讓學童失去了學習興趣，放棄努力。

適應良好的學童能在「勤勉 VS. 自卑」之間取得平衡，發展出「能力感」，從學習的成就中，了解自己的天賦，也從學習的挫敗中，了解並接受自己的弱點與不足，能以不斷學習來強化自己的天賦才能，懂得見賢思齊，尋求別人的幫助，來彌補自己的弱點。

五．青春期（adolescence，12約～24歲）：角色認同←→角色混淆

青少年在此時準備告別童年，生命再次的循環即將開始，前面四個階段的發展（信任、獨立自主、自動自發、勤奮勉勵）要在此時再次確認，以便清楚自己在家庭與社會中的角色。

此時最大的功課是了解社會中各種思想、價值與意識形態，藉此建立自己的人生目標，界定「我是誰」，對自己的信念與價值觀，對自己所認同的同儕、團體與族群發展出「忠誠」的心理社會能量。忠誠使人在各種境遇中，都能忠於自己的信念與價值體系，同時也能尊重他人，對人忠誠、信守承諾，凡事盡責。

過度自我認同是指青少年對自己所處的文化或團體太過忠誠，發展出「狂熱盲從」的性格，例如意識形態、政治狂熱、死忠粉絲，宗教迷信、參加幫派等，由於青少年心智尚未成熟，很容易盲目跟從，甚至到了走火入魔的地步，影響了將來的生涯發展。

相反的，青少年過度強調自己的獨特性，而不願認同、融入、歸屬於任何文化或團體，對任何族群、團體、文化、價值觀或意識形態都反應出「否定」的性格傾向。他們與社會規範對立，特異獨行、自外於所有群組或團體，卻又無法明確表達自己的立場，沒有自我的價值

觀或意識形態，也拒絕任何承諾。

適應良好的青少年能在「自我認同 VS. 角色混淆」間取得平衡，明確的自我認同有助於融入同質性高的社會群組，在所屬的團體中建立歸屬感；而適度的角色混淆，則可以確立自己的「獨特性」，敢於在團體中表達不同信念、看法或價值觀。既能盡力維護自己所選擇的理念，也願意接受別人的批評與反對，能夠兼容矛盾與和諧。

六、成年期（young adulthood，約24～35歲）：親密←→孤立

一個人認識自己的角色後，才不怕與人產生親密關係，如親切、自然、溫暖、開放、與人分享等，收受之間非常自然，容易接受別人的意見、同意別人的幫忙與支持；反之，則是孤立、無助、客套、墨守成規、拒絕別人幫忙、與人對立。

此階段的青年會從廣泛的友誼中，慢慢找到願意信守承諾、真誠相待的唯一關係，雙方在分享生活點滴、工作甘苦、人生目標、個人興趣等時，發展出持久關係的親密性；此階段

開始爲成人的責任與使命做準備，約會、結婚、家庭、工作都是此階段重要的功課。

個人在體驗愛與親密的關係中，感到喜悅與豐富，使人充滿熱情、奉獻與互動，這就是「愛」的心理社會能量。這種理性選擇的能量，不憑一己的情緒或本能反應，選擇交往的對象。眞愛表達出的是相互忠誠、親密、關懷、付出的行爲，而不是爲一己之私的佔有與操控。

過度親密是指輕易跟人建立親密關係，通常這種人都熱情洋溢、具有魅力、喜歡分享、熱心奉獻，很快跟人建立關係，毫無親疏觀念，形成「亂愛」的行爲模式。這種人無法帶給伴侶安全感，也容易陷入情感糾葛，很難切斷不適切的親密關係，而沉浸在痛苦中，彼此傷害。

相反的，過度孤立是指無法與人建立親密關係，這種人過於隱藏自己，不願與人談論自己的工作、生活或興趣，形成「排外」的行爲模式。他們喜歡獨來獨往，不喜歡投入情感、與人互動，太深入的互動，讓他們覺得不安或受打擾。

適應良好的成人能在「親密 VS. 孤立」之間取得平衡，既能夠與人深入交往互動，也能享受自己獨處的時間，他們有明確的「親疏」觀念，只與少數人建立深入關係，而與大多數人則維持一般友誼，他們樂於與人交往，也勇於切斷不適合的人際關係。

七、壯年期（adulthood，約35～65歲）：創造←→停滯

這是創造、生產的時候，人格成熟的人此時會積極獻身、付出，爲下一代、爲未來、爲某一個人的幸福、或某個理想、某個志業而努力不懈，隨時準備好付出自己，無私、大方的關心別人；若自私的想保有自己，反而因爲沒有奉獻的對象而無所事事或停滯不前，導致生活乏味。

此時，個人的生活趨於穩定：結婚生子、養育小孩、工作按部就班、適當地安排休閒娛樂等等，生活有目標，凡事知道先後順序、輕重緩急，工作與休息取得平衡，進而發展出「關懷」的心理社會能量，生育、創造和付出都只能藉由關懷而展現。

如果對別人的付出、關心超過了自己的能力範圍，會形成「過度擴展」的行爲傾向，例如父母替子女承擔過多工作與責任，上班族承接過多工作或超時加班，創業者過於擴張自己的事業版圖，或者過於操心、擔憂別人的事物等等，把自己逼向崩潰之路。

相反的，過度拒絕關懷周遭的人、事、物，形成「漠不關心」的態度。他們不關心世界

局勢，不關心周遭鄰里發生了什麼事，不關懷身邊的朋友需要什麼，他們一心只爲自己、只想獲得自己的利益，不想爲人付出。

適應良好的成年人能在「生產繁衍 VS. 頹廢遲滯」之間取得平衡，他們精力充沛地完成自己的工作，也懂得拒絕不當的工作與責任；他們將時間精力投入所關心的人、事、物及活動中，也會適時地安排休息與娛樂；他們全心爲人的福祉付出，也能適當地爭取自己的權益。

八、老年期（old age，約65～歲，退休）：統整↔絕望

此時，一個人已經走到人生的最後一個階段，自己有了具體的成就，家庭美滿，含飴弄孫，注意自己的健康與飲食，幾個好友偶爾相聚……，等等。回憶一生，完美無缺的感覺讓人對自己感到滿意，覺得不虛此行，因此不懼死亡，但仍保有積極的生命關懷；反之，總覺得往事不堪回首，虛度一生；對自己失望，於是還想要再做最後一搏；覺得生命沒有意義，卻又害怕死亡。

老年人回顧一生，感覺幸福美滿，有統整感，會發展出「智慧」來，再次肯定生命，活躍地投入現在的生活，持續參與有意義的活動，坦然了解與接受無可避免的老化與死亡。

如果老年人過於美化自己的過去，宣稱滿意自己的一生，會形成「頑固」的性格傾向：不服老邁、不接受幫助、堅持一切自己來，固守自己原有的習慣，不改變工作型態或減少工作量、倚老賣老等。

相反的，當老年人回憶一生，感到太多的後悔與遺憾，對現在的老化又感到羞愧與自卑，對將要面對的死亡感到困惑與無助，會出現「輕蔑」的態度，對自己與他人的生命不屑一顧、封閉自己不再參與人際活動、對一切都失去了興趣，只是沒有生氣地活著。

適應良好的老年人能在「統整 VS. 絕望」之間取得平衡，統整的智慧讓老人在回顧自己一生時感到滿意、幸福與喜悅，而適度的絕望也讓他們坦然接受自己即將凋零的事實。他們能夠量力而為、積極參與一些活動，也能接受老化帶來的不便和痛苦；依然持續關懷生命與下一代，也能坦然接受死亡的到來，並承認自己面對死亡的無助情緒。在人生最後階段，享受老年的生活，成為統整而有智慧的人。

各階段統整表

階段	發展任務	發展過度	發展平衡	發展不足
1. 嬰兒期（0～1 歲）	信任 VS 不信任	依賴	希望	退縮
2. 幼兒期（1～3 歲）	獨立自主 VS 羞愧懷疑	任性	意志	衝動
3. 學前期（3～6 歲）	自動自發 VS 破壞操縱	自我中心	目標	自我貶抑
4. 學齡期（6～12歲）	勤勉 VS 自卑	領域狹隘	能力	放棄努力
5. 青年期（12～24歲）	角色認同 VS 角色混淆	狂熱盲從	忠誠	否定
6. 成年期（24～35歲）	親密 VS 孤立	亂愛	愛心	排外
7. 壯年期（35～65歲）	創造 VS 停滯	過度擴張	關懷	漠不關心
8. 老年期（65～ 歲）	統整 VS 絕望	頑固	智慧	輕蔑

自我探索時間

探索① 回顧每一個階段中的我

用一段悠閒的時間，放鬆心情，讓自己的思想隨著記憶浮游，回憶曾經發生過的事件，想到什麼就寫下，不必順著階段寫，不必寫得完整，不必在乎流暢與否，更不必一次寫完所有階段。一面寫一面感受當下寫的心情。如果你願意，也可以問問家人與朋友。

探索② 現在我怎麼形容我自己

回顧各階段之後，現在我怎麼看自己，不管以前怎樣，重點放在現在的我，我怎麼看自己。

學員分享時間

回顧自我的生命階段之後，現在我如何形容我自己？

學員A 以前家庭很慘，我不願意回憶童年，家人也很少提起過去。經過十幾年的靈修，常常做自我反省，這次老師鼓勵我們回顧自己的生命經驗，我鼓起勇氣打電話與姊姊聊聊。綜合一下這次的回顧，我得到一個訊息：我有一個很大的特質：好動、好奇。我知道我有一個很大的動力，從很小的時候，我就想要改變我的生命，我一定要用我自己的能力改變現狀。我發現這是我的禮物。

學員B 我在很動盪的環境中長大，我一直覺得我是世界上最可憐的人。這次的回顧讓我很驚訝，幾個不同以往的觀察跳出我的記憶，我看到幾個美好的片段，看到自己是被愛的，我為此感恩。經過這個回憶，我也感受到小時候處於價值觀矛盾的錯亂中，但在漸漸長大的過程，我有了修正的機會。

學員C　我在富裕的家庭中長大，物質無虞，但心靈支離破碎，我天天都在緊張的情緒中過日子，每天睡覺都擔心今晚是否又會半夜被叫醒，到現在一直被失眠的問題困擾。現在我的心情就是渴望得到整合。

學員D　在回憶中，一個鮮明的記憶跳出來，我小時候很調皮，愛搗蛋，常是老師關注的焦點，有一天與同學吵架，我要去告老師，同學竟然說：老師不會相信你的啦！這句話讓我很生氣。確實也是，小時候我非常在意別人不相信我，這個感覺一直影響我到長大。但我覺得我有被修復，我的自我認知有比較正向，現在我可以感覺我是一個值得信任的人，對於別人表現不信任時，我也不那麼在意了。

學員E　回顧的時候我很開心，以前想到小時候都覺得命苦，很小就要幫忙做很多家事，照顧弟妹，不能與同學出去玩。長大後，同事都喜歡跟我合作，讚美我做事俐落，很有創意，又很樂意幫忙，人緣很好。現在我才知道這些特質都是小時候因為幫忙做家事而被訓練出來的，我很開心。

學員F　回憶嬰幼兒及童年時期，我都覺得自己很幸福；可是上學時我成績不好，不喜歡讀書，我覺得很有壓力、很自卑，不敢與成績好的同學一起玩。還記得爸爸常常問我：你不讀書，將來要做什麼？他常常跟我一起討論：什麼是不用讀書就可以做的事，現在想起來，也覺得好笑。但那種沒有被逼著唸書的感受，很棒！長大後，不知怎麼的，竟然愛念書了，也從做事的經驗中感受到成就感，自卑感漸漸消失了，現在覺得自己還不錯。

第二章

嬰兒期——從懷疑他人到彼此信賴

控制狂或是成癮行爲，往往來自自我存在感低落，
當你回顧嬰兒期時，不管你資訊多寡，
從你嬰兒期的行爲，或長大後的掌控傾向，
可以檢視有可能的安全感不足，
進而著手修補自己這階段不足的照顧。

0～1歲的嬰兒期是增加自我存在感的時期，適時受到妥善照顧與滋養的嬰兒會覺得自己很不錯，覺得自己值得存在，因此產生自信心，也會覺得他人及外界也值得信任；沒有適當受到照顧的嬰兒會懷疑自己不夠好，不值得被愛，因懷疑自己，進而懷疑別人，不信任別人。

爲了塡滿這個沒獲得適當照顧的缺憾，嬰兒會抓住身邊的東西不放，例如：奶嘴、絨毛娃娃、小被子、啃手指等，長大後就以暴飲暴食、猛力工作、猛力賺錢、猛力花錢、酒癮、藥癮、性氾濫等等來彌補，有人轉而成爲操控慾強的人，以操控別人來感受自己的存在，可見以強勢操控的人是對自我最沒信心的人。

沒有存在感的人內心深處是想利用外在抓得住的東西，來感受到自己的存在。常常有人問我：是甚麼因素讓一個人成了購物狂，而另一個人卻有酒癮、藥癮？個人覺得環境當然很有關係，很有可能有一天放肆狂購了一堆東西之後，感受到了花錢花得很爽、很過癮、很有存在感，從此就以花錢來刷存在感；又或有一天我與朋友喝了兩杯感覺很過癮，從此愛上了杯中物。一切從外面找來的，都是代替品，只能滿足一時，無法讓人從內在找到自信與信任人的滿足感，永遠無法停止對外在物質的追尋。

成爲自己內在小孩的父母，重新疼愛自己，把自己生出來

誠如《六祖壇經》所言：「菩提只向心覓，何勞向外求玄？」其實我們內在已經擁有自我的豐富性，往往我們向外求愛，卻不知道好好愛自己，好好展現自我的豐富性。宋．黃庭堅〈寄黃龍清老〉也說：「騎驢覓驢但可笑，非馬喻馬亦成痴。」捨近求遠，向外追尋，眞是騎驢覓驢，更是非馬喻馬。

自我疼惜是一種負責任的態度，看到自我的豐富性，發揮自我的潛能，增加自我存在感，培養足夠的安全感，才能彌補兒時的缺憾。現在讓我們學會成爲自己內在小孩的父母，好好愛自己，如同艾瑞克森一樣，成爲自己的父母，把自己生出來。

自我探索時間

探索① 存在感自我檢核表

依個人自覺的強度圈選，5最強，1最弱。回答「是」的越多，表示受傷越深，自我存在感越低。誠實地回答，為自己找到成長前進的指標。

(1) □ 我有飲食性的癮癖（飲食過量、酗酒、用藥）。

(2) □ 我對滿足本身需求的能力沒有信心，總覺得需要仰賴別人滿足我的需求。

(3) □ 我無法辨識身體上生理需求的信號（餓了要吃，累了要休息，生病要看醫生、注意運動、注意營養等）

(4) □ 我覺得難以信任他人、難以掌握一切。

(5) □ 我常常怕被遺忘、被忽略、被拋棄（比方配偶忘記交代行程……）

(6) □ 我常因一點不順、挫折而感到失望、沮喪。

(7) □ 我常常覺得與人格格不入、沒有歸屬感、覺得人們並不真正喜歡我。

(8) □ 在社交場合我常常不自覺地躲開別人的注意。

(9) □ 我常常喜歡獨處、孤立自己，覺得不值得浪費精力與人建立關係。

(10) □ 我一直迫切需要被人看重並尊重。

(11) □ 我常想讓自己在情感關係中顯得非常有用（朋友、配偶、孩子或父母），好讓他們離不開我。

(12) □ 我非常需要與人有肌膚之親、被人擁抱（未取得別人同意，而有觸摸對方的衝動）

(13) □ 我常陶醉在性幻想中，或喜歡特殊的性行為。

(14) □ 我常對別人顯得兇狠、嚴厲或譏諷他人。

(15) □ 我很容易被騙，很容易接受他人意見，或不假思索地把別人的話照單全收。

探索② 積極表白

下列是嬰兒期積極表白清單，當然你可以自己加上你喜歡的句子。

歡迎你到這個世界上來。

你是唯一的，獨特的。

我一直在等你的到來。

你的出生是天主的祝福。

我已經為你預備好一個舒適的地方。

我喜歡為你做一切事。

不管怎樣，我都不會離開你。

我要照顧你，陪伴你。

你的需要我都很重視。

我很高興你是個男孩（女孩）

我會給你所有你需要的時間和關注。

我就是喜歡你這個樣子。

你的臨在是全家的喜樂。

……

積極表白可以加強存在感、醫治心靈的創傷，亦是情緒的滋養品。

自己可以不斷地對自己說，也可以找幾個好朋友，偶爾聚聚，彼此來個積極表白，非常療癒。但聽到別人給予自己的積極表白，要欣然接受，盡量排除消極思想。如消極情緒不斷湧出，到無法承受的地步，趕快喊停。每個人都有非常獨特的經驗，不要與別人比較，不要問為什麼我沒有像她一樣的反應。

探索③ 對積極表白的回饋

1. 對自己說了（或聽完別人對自己）積極表白之後，有什麼感覺？
2. 對別人說出積極肯定時，有什麼感覺？
3. 我對別人說了些什麼？我是否也願意這樣告訴自己？
4. 這個活動是否激起自己一些成長的能量？

探索④ 收集家庭資訊

收集資訊重點放在你的嬰兒期，例如：環境、房子的樣子、你的臥室、當時的家庭成員、氣氛、父母的關係、對你的來臨……，這些資訊對你的自我認識有什麼幫助？

探索⑤ 端詳你的嬰兒照：

找一張你最滿意的嬰兒照，真的找不到，就找別人的也可以，注視著他，想像他無限的能量，成長的可能性，告訴他：你多麼愛他。

探索⑥ 單純的存在：為自己而活

1. 給自己一點時間和關注：例如：感受自己的存在。只是安靜地坐著、泡個熱水澡、找朋友聊天……
2. 犒賞自己一下：沒有特別目的地打扮一下自己、去一趟美容院、好好做頓飯給自己……等，用任何善待自己的方式，愛一下自己。

探索⑦ 練習去信任

冒險一下，故意找個人，把自己完全交給他，完全信任他，讓他做計畫，主控你們要一起做的事，例如去一趟旅行、看一場電影、弄一頓飯給你吃，……等。

探索⑧ 感恩筆記

如果能用感恩的眼光看一切，我們會在一切事上、自己所處的一切情況中，享受自己。回顧一天的生活，寫下一件讓你快樂/感恩的事。寫好之後，停留在那個感覺一段時間，不要急著走開，加深這份「生命美好」的感受。

探索⑨ 冥想（祈禱）：感受自我的存在

用一段安靜的時間，讓兒時情景重現眼前，越深刻的景象對自己越有意義，越需要停留多一點時間，去陪伴自己，意識到自己的存在。

編者注：在作者的實體工作坊中，學員有一週的時間，去做這份心靈練習題，隔週回到課堂，學員有充分的分享，作者鼓勵讀者，實際地去執行這些練習，因為這是修復之法，修復較難由純粹的閱讀獲得。

學員分享時間

一、做完積極表白後的心情

學員A 光聽大家對別人說，我就感動得想哭，好像他們是在對我說一樣，讓我覺得好幸福。

學員B 剛一聽，我覺得渾身不對勁，覺得很不真實，慢慢地一種幸福的感覺浮上來，這輩子從來沒有人跟我這樣講過。

學員C 我回去跟唸小四的女兒積極表白，發現她整個眼睛都亮起來，最後她還說：「媽媽抱抱！」突然覺得我們是那麼心靈相契。

學員D 剛開始覺得很抽象、不實際，練習之後，感覺很好，覺得有被照顧到。

學員E 自從上了這一課之後，我常對著鏡子中的自己做積極表白，剛開始，覺得有點不真實，不過越來越愛這樣做，每次積極表白後，我就會會心一笑，這個愉快的心情可以保持很久。

二.收集家庭資訊

學員A 對我家情景還很清楚，兩個弟弟要擠在一個小房間，我從小有自己的空間、玩具也最多，回想起來，只覺得自己很幸福。

學員B 因為沒搬過家，對家庭環境非常清楚。聽家人講過我的小時候，這次再問清楚，我當時的狀況，發現我是被期待的。在兩個哥哥之後，我是唯一的女兒，再次感受被愛的幸福。

學員C 印象中鄉下房子不怎麼樣，經濟也不怎麼樣，但媽媽說：當時給我買最好的奶粉、最漂亮的衣服等等，覺得兜不上來。不過，還是覺得很感恩，即便不是很優渥的家庭，但我覺得很寶貴、很珍惜。

學員D 為了做這個功課，特地回家一趟，跟媽媽聊了很久。重新拾回了許多小時候的印象，也用現在的心情，理解當時媽媽的辛苦。媽媽聊到以當時少不更事的年紀，把我們養大，她自己都覺得好笑，也有一絲抱歉。我則更感恩父母的用心。

學員E 我是老二，上面有個姊姊，家裡期待是個男孩，所以媽媽很有壓力，剛從醫院回來的幾天，媽媽都不抱我。到我很大了，阿嬤還常說：你如果是個男孩多好！但他們還是很愛我，我可以感受到全家人對我的愛。到現在，我並沒有覺得我不是個男孩而有所遺憾。

學員F 那是一個我不想回去的家，小時候留下的，都是非常不堪的記憶，直到生活遇到很大的困難，找到教會，得到姊妹的支持與肯定，也得到了安慰，才能平安度過。現在我有能力告訴自己：父母的事他們自己承擔，不是我的錯。上帝的女兒是幸福的。

學員G 回憶小時候，經濟非常拮据，媽媽省吃儉用，但我們要跟學校去遠足時，她會買蘋果給我們。或偶而爸爸晚上會出去買一包花生米回來，我們三個小孩圍著他，剝花生米吃，現在回想，覺得自己很幸福，感謝父母的養育之恩。

三、端詳嬰兒照

學員A 我剛生下來的時候，鄰居看到說：長得那麼醜，還要生？媽媽常拿這當笑話講。找不到自己的嬰兒照，我就想上網去找，一邊我問自己：要找哪一張呢？找漂亮的，還是醜的？最後決定找一張像我的：頭髮稀疏，額頭很高，鼻子很塌。真的讓我找到了，我一直端詳他，告訴他：「你雖然醜，我還是愛你。」我覺得現在的我，雖然沒有傲人姿色，但也不醜，我愛我自己。

學員B 我唯一能找到的一張，應該是兩、三歲了。所以我去買了一個洋娃娃，我摸摸她，親親她，跟她說：「我愛妳。」我發現這帶給我很好的療癒力。

學員C 因為幾次搬家，照片剩很少。現在家裡添了一個小孫子，自從有了小寶貝，全家似乎活耀了起來，覺得自己的生命力也被啟動。現在我有意識地多找機會端詳小寶貝，感受小寶貝的生命力，在我體內躍動。

學員D 我沒有自己的嬰兒照，我就拿孫子的。每次看著照片，我很自然地就微笑，感覺心情很好。當我想像著嬰兒的生命力時，想到了李白的一詩句：「天生我材必有用。」好像對自己有了多一點的肯定。

四．單純的存在

學員A 生了一場大病之後，生活步調慢了下來，現在會放鬆自己，出去走路，心悶時就走久一點，出去看看風景。欣賞大自然是很享受的事，這才發現以前自己真的好傻，那麼拼命是為了什麼？真的要好好愛自己！

學員B 這個星期找了一天，故意完全放空自己，到一個高檔的旅館過一夜，舒服地睡了一覺。醒來感覺心情無比舒暢。再趁早餐時，享受了一段悠閒的時光，手中握著一杯咖啡，走到陽光灑進來的窗口，聽著音樂，看著窗外景緻，讓思緒漫飛，慢慢品嘗手中的咖啡，好療癒。真的需要偶而這樣愛自己一下。

學員C 小時候家裡窮，處處都很節儉，直到現在都不輕易花錢。為了感受自己的存在，我約了一位朋友去吃頓飯。特地找一家幽靜的餐廳，兩人一面享受美食，一面聊天，漫無目的地聊，不知不覺從上午11點聊到下午4點，真的很滿足，很療癒。以後要常常這樣愛自己一下。

五．練習信任（略）

六．感恩筆記

學員A 聽老師要我們寫下快樂的事情，馬上闖入我思緒的是：哪有什麼事是值得我寫的？但我還是認真做功課，這才發現每天都有值得記上一筆的快樂事。我以前常想即便有甚麼快樂，也不足掛齒。練習寫下，我發現不管多麼微不足道，都是屬於我的快樂事件。寫下值得快樂、值得感恩的事，讓我覺得活得充實。似乎對生活中的一些困擾，也不太在意了。

學員B 每天寫，一段時間之後，感覺寫感恩筆記，真的很奇妙，越來越覺得可以感恩、值得高興的事情實在很多，也發覺我的心更細膩了，對很多以前不注意的事情，也敏感許多。奇特的是，我並沒有寫下對先生的感恩，也沒寫下我們之間的快樂事件，但我發現我比較不與他拌嘴了，比較可以接受他了。

學員C 我發覺一件事情可以挖掘出許多感恩的理由，而且可以持續好幾天，越寫越多，越寫越快樂，而且可以重複寫同一個感恩理由，也不厭煩。

七、冥想

學員A 老師說冥想時，刻意選正面的事，我發現我不是胡思亂想，就是想到負面，我趕快調整回來。的確，騰出一個時間，刻意想想正面的事是很有幫助的，這讓我感覺：「其實我也是不錯的。」從小到大，家人還是很愛我的，我對小時候的境遇，不再怨天尤人。

學員B　老師說：再悲慘的事件也能找到亮點，即便是一點點也要珍惜。藉著冥想，我試著找到亮點。原來我都把正面忽略了，而把負面情緒放大，如此而已。藉著冥想真的能讓我多一點肯定自己。

學員C　這一週我每天晚上都用幾分鐘冥想，想想值得感謝的事情、喜樂的事情、有成就感的事情等等，我發現這是讓生命沉澱，享受生命的時光，我以後要常做。

慧娟老師的回應

1. 不要讓快樂的事情輕易溜走：有位學員說：一件事情可以找到很多感恩的理由，而且可以重複感恩好幾天。這是對的，我要在這裡重複一下：不要輕易讓感恩的事情溜過。

我們常常會把一件傷心、難過、不平、被誤解的事情拿出來，反覆想了又想，越想越生氣，越想越難過；可是快樂的事情我們就很容易視為理所當然，不但不感恩，還快快讓它溜走了。從今以後，不要再讓快樂的事情輕易溜走。

2. 還有一個技巧要記住：當你發生了一件不如意的事情之後，不要沉溺在不愉快中，趕快想一件快樂的往事來代替，想起快樂的事情，才能讓你有足夠的正能量來應付不愉快。不過一時無法用正能量來代替不愉快的感覺，也不要勉強，用一段時間陪伴消極情緒，也是療癒。

3. 我喜歡跟學員說：不要急於解決問題，讓問題自己解決。好像聽不懂對不對？問題如何自己解決？意思是碰到情緒問題時，想破腦袋你也解決不了，因為你沒有注入新能量。所以把本章提供的自我探索，好好操練一段時間，你的自信心增加了，自我存在感也有了，任何情感困擾就都能迎刃而解。

第三章

嬰兒期——
走出操控與被操控的惡性循環

上一章提到嬰兒期如果沒有被照顧好，會沒有自我存在感、沒有安全感，不信任自己，也不信任別人。信任感薄弱的人會產生三個現象：成癮現象、堅持己見、操控與被操控。

嬰兒期沒有發展出自信心、自我存在感的人，就會用名利、地位、錢財、美食、藥物、性……等等來感受自己的存在，以致到了成癮現象。大部分的人或多或少都會用這些外在的物慾，來填滿自己、感覺到自己的存在，但不至於到了成癮的狀況。

堅持己見，往往是自我存在感缺乏的現象

除了滿足物慾的現象外，大部分的人也或多或少會用堅持己見，來感受自己的存在：堅持己見、不願意改變、立場鮮明、不喜歡新事物、甚至偏見……等。對不夠自信的人，如果你向他提出建議，你會讓他覺得自己不夠好，自己不如你，只好用堅持己見來覺得自己夠好。特別是領導者，你的意見讓他認為你在反對他，在挑戰他的權威，對他不懷好意，瞧不起他，甚至明知自己錯了，為了面子，還要堅持到底，這都是自我存在感缺乏的現象。

成熟的人不會堅持己見，他擁有一顆開放的心，願意接受一切的可能性，可以為了與人合作、為了使事情順利進行，而調整自己的看法與做法。放下自己的看法，不見得是承認自己比較差或自己錯，只為了使工作順利進行或為了某人的好處。

有自信心的人受到別人指責時，也不會馬上反駁或覺得自己很差勁，我們心中應該「自有一把尺」，不必跟人爭對錯、輸贏，別人的意見或指責應該經過自己深思熟慮，有則改之，無則自勉。

接下來我們要談談操控與被操控，這也是人際互動中常見的一個現象。

給別人意見時，如何分辨是爲了對方好還是想操控對方

影響與操控不同，影響是以對方的福祉爲出發點，爲人類社會的發展是有很積極的作用，父母、老師、長者、社會風氣、文化習俗等都發揮了影響的積極作用。影響是以提升對方的福祉爲目標，建基於直接或間接、眞誠的溝通管道。有影響力的人自然散發出一股吸引人的影響力，他們會承認對方的自由、權利與界線，讓人自由接受或不接受他的意見，讓人自發地以他爲典範，自動地向他學習。

而操控只是爲滿足自己的存在感而已，抓住人的弱點，好予以控制，成爲他滿足自我的工具。操控者找到一個目標之後，會先以甜言蜜語、施予小惠等手段獲得信任、建立關係，慢慢地就以威脅、恐嚇、施壓、強求等任何形式的操控來滿足自己。

在臨床心理學上有一個術語：煤氣燈效應（Gaslighting），這是一種心理操控的形式，一個人或一個組織會隱晦地使用否定、矛盾和錯誤資訊來誤導人，讓人逐漸懷疑自己，質疑自己的記憶力、感知力或判斷力，導致認知失調。該術語起源於劇本《煤氣燈》（Gas Light，1938

年，最初在美國以「安吉爾街」爲名演出）目前已用於臨床心理學。以現在的語言來說，應該類似認知作戰或傳假訊息。

操控者以指揮他人來找存在感，被操控者想感受自己在對方心目中的地位

操控與被操控是逐漸養成的一種人際關係，有操控傾向的人，經過長期觀察之後，才選定那些容易被操控的人，並選擇操控他們的方式。操控者慣用的伎倆是避免損失和許諾獲得，而這兩個伎倆經常連在一起，當然他們會用非常微妙的方式，不會赤裸裸地呈現。

操控與被操控都是沒自信的人，操控者以操控別人、指揮別人來增加自我存在感。相反的，甘被操控的人以被操控來感受到自己在操控者心中的地位。操控者竭盡所能，找到對方弱點，以便操控，被操控者對自己的弱點，因心虛而甘被操控，可見這是一個惡性循環。我們必須增加自我存在感，以破除這種不良的操控關係。

沒有信心、薄弱的自我存在感就是操控的心理根源

操控者是一個非常沒有自信的人，只是他們以非常自信的樣子作掩飾。他們常會爲了要強烈感覺到自己的權力與優越，而要求別人對他們提出的要求唯唯諾諾、百依百順，他們操控的形式與範圍非常廣泛，從明顯的語言恐嚇、行爲控制，到以好心爲幌子的微妙企圖……不一而足。如果你表現比他有力或優越，他們會因無法操控而覺得受到威脅，這時他們會進行報復，直到奪回他們失去的權威感。當他們無法操控你時，他就會很快的轉移目標，尋找下一個被操控者。

被操縱者卻因自己薄弱的自我存在感，而成爲共犯，助紂爲虐。當我們允許人來操控我們時，我們是甘願讓對方藉由虛僞的、剝削的、不公平的手段來控制我們的感覺、情緒、思想、行爲。我們必須知道自己是否處於共犯的情形，以下的現象讓你很容易成爲被操控的共犯。

1. 當你滿足別人的需要時，你才覺得有用與被愛。
2. 你強烈的需要別人的認可與接納，你認爲隨時都得討人喜愛。

3. 你害怕表達消極的情緒，你認爲消極情緒使兩人的關係不好。
4. 你必須小心翼翼，怕惹他生氣。
5. 你一直都在改變自己、放棄原則，以討好對方。
6. 你不容易說不，你認爲說不，就有衝突，而衝突是不好的。
7. 你沒有清楚的自我形象，不易相信自己的判斷，不易下決定。
8. 你感覺必須有一個可依賴的強者作爲靠山。

停止被操控的模式，有3個簡單的方法

你不可能改變那個操控者。對充滿殺氣的操控者，他不會承認自己是在操控別人，你是無法建議他如何改進的，也別夢想他能瞭解你被操控的情緒。但你能改變你自己對操控者的回應，停止與他的操控共舞，改變與他的互動模式。也許一開始，他會操控得更厲害，也許你也會擔心、害怕、不知所措，但如果你不妥協，最後他很快就會放棄，而另尋目標。

只有自己甘處於被操控的情勢，才能被操控，所以你必須自己評估這樣的關係，是否需要繼續下去？如果你們的關係是無法切斷的，例如：親子、手足或夫妻等，這時你必須評估有哪些改善的可能性？重點是讓操控情況不要再繼續下去，並不一定要切斷關係。

如果不是要切斷關係，只是想破除操控現象，那麼你就必須在這個關係中，表現得自信與堅定。以下提出幾個策略：

1. 拖延戰術：讓我想一下

也許你習慣性的聽他指揮，爲停止這個不假思索的順從，你必須用拖延戰術，這時候反過來，是你控制整個情境。不管他說甚麼理由，就是重複這句話：「讓我想一下」即便他生氣或威脅，仍然不改你的自信與堅定。這時，你不但在挑戰他，也在挑戰你自己的害怕、緊張、妥協或罪惡感。練習掌握自己的情緒，你才能逐漸表現自信與堅定。

2. 表達你的需要：

眼睛直視對方，堅定表達你的需求：我不喜歡你威脅我、支配我，你可以表達你的要求，但請你尊重我的決定，我現在很累、很忙，沒辦法幫你，如果你肯聽我的感受，也許我就更能接受你的看法……。這裡要表達的是：我不再吃你這一套。

3. 先發制人：

學會在需要作決定的時候，你先提出意見，提出意見一方面告訴他：我有我的看法，一方面讓他對自己的操控有一點猶豫的空間。但切記：提出意見之後，要帶有可以商量的態度。在剛開始練習破除操控關係的初期，你如果太堅持己見，恐怕造成他更強烈的控制，也掉入了操控人的陷阱。

自我探索時間

探索① 與自己對話

題1. 寫一封信給嬰兒期的你：刻意寫積極正面的，一面寫，一面注意自己的感受。

題2. 小嬰兒給你的回饋：用你的想像寫下他的回信，他要告訴你：他的心情與渴望，不要用太多的判斷，不假思索地寫，他的回信沒有對錯好壞，同時多注意自己的感受。

題3. 用一段時間回顧自己在寫的過程中，有什麼心情？最後不要忘了給自己按個讚。

探索② 找機會付出

「自己有的才能給。」付出讓人覺得自己有用，有自信的人才敢於付出，所以，付出是最能令自己有價值感、有貢獻感、快樂感與幸福感的方法。

思考一下：在我的生活中，我可以付出什麼？不要一想到付出，就只想到捐款，捐款是最容易的事，適時給人一個微笑，也是一種付出呀！

探索③ 找一個新的家

這是一種重新誕生、重新開始的感覺，可以彌補家庭功能的欠缺，感受被照顧的感覺，彌補小時候缺乏被妥善照顧的遺憾。

題1. 與你的父母或手足，商量一個新的生活方式，以增加自我存在感。

題2. 如果父母或家中其他成員無法與你分享你正努力成長的事實，就找到幾個好朋友，想像也可以，例如：耶穌、聖母、歷史偉人或一位你崇拜的人。適度結交願意與你一起邁向成長的師長、信友、好朋友等，讓幾位知心好友，來做你生命的同行者。

題3. 找到幾個朋友形成一組新的家人，定期或不定期地一起分享你正在努力的事，彼此做積極表白練習。

探索④ 脫離被操縱

練習說：「讓我想一下……。」

探索⑤ 讓事情結束

在人際、工作、理想……間常有矛盾、困惑或不確定的張力存在。讓這些問題懸著非常耗神，耗掉人的正面能量，久而久之，使人失去自信心、失去存在感。解除問題的方法：

題1. 提供妥當資料：盡可能收集可以用來統整的資料，盡快把問題解決。

題2. 控制行動週期：每一個行動都有開始↓改變↓結束。知道我站在哪裡，才能控制。

題3. 結束未了之事：我們常常會讓很多事情有開始而沒有結束，沒有結束的事情，佔據人心，干擾人的注意力，分散人的能量，就產生困擾。刪除等於結束，即便暫時畫個句點也好，讓行動週期完成，想作而沒作的，放掉它，有機會再來。

探索⑥ 繼續做積極表白

探索⑦ 繼續上一章的功課：單純地存在、冒險去信任、端詳你的嬰兒照等。

學員分享時間

一.與自己對話

學員A 我是一個七個月大出生的早產兒，聽媽媽說過當時是怎麼費心地照顧我，阿嬤怎麼疼我。所以，當我寫的時候，我一直告訴嬰兒期的我：妳是多麼幸運被照顧長大，妳擁有全家人的愛。我的嬰兒給我的回信：我在滿滿的愛中長大，我很感激家人的照顧，妳要繼續加油，活得喜樂，貢獻自己的生命，幫助需要的人，照顧需要的人，如同妳小時候被照顧一樣。當我寫完之後，我有一個非常愉快、感恩、幸福的感覺。

學員B 我覺得與自己的正向對話是值得的，應該常做。為了給嬰兒期的我正向對話，我盡可能從有限的資訊中找到積極面。這一個功課讓我不再覺得小時候的自己很悲慘，也發現父母其實也用盡所能來愛我。

二、找機會付出：

學員A 這個星期我刻意意識到我的付出，雖然平常我就在做事，但並沒意識到這就是付出，當我多一點意識到我在付出，確實能讓我感覺自己是有價值的、有用的、有能力的，也是有愛心的。例如：我在洗衣服、打掃、煮飯的時候，我想到我是在為全家人付出，這週我也刻意替孩子打扮一下，當我想到我在付出，做起來就特別有勁，也很喜樂。

學員B 想到一個我不太喜歡的朋友，她的怪脾氣讓很多人都不喜歡她，所以她的朋友很少。我想付出我對她的關心，約了她一起吃飯，這次聊得很開心，因為我一直告訴自己我是在付出，就會比較遷就她，聽她講話，談一些有趣的事情。這一頓飯她很開心，我也很開心。

學員C 我常常覺得我是nobody（無名小卒），每天很routine（例行公事）地活著。上班、下班，做著該做的事，似乎辦公室中沒有我，也沒有關係。老師說：微笑也是付出，既然我想改變自己，我就試著做做看。到辦公室我努力對人微笑，同事也回我一個微笑，我感覺很溫暖。後來我想：「說話也是付出。」於是我開始找話題跟同事說話（其實我有一點忐忑不安），沒幾天我就覺得我在辦公室有存在感，感覺活得比較有意義，也比較能感覺自己有用了。

學員D 現在我做甚麼事，都告訴自己我在付出，沒想到我變得比較積極、願意多做，不再計較，也不會覺得很累、很煩。

二.找一個新的家

學員A 我好像一直都很會找機會，在不同的時機、不同的需要時，找不同的人相聚。很多家人無法了解、無法溝通、無法給予關注或意見的時候，我會找合適的人幫我。沒想到這就是找一個新的家，可以彌補家的欠缺，現在我更肯定我這樣做是對的。。

學員B 信主之後，我認亞巴郎為父，我是天父的女兒，教會成為我的家，給我很大的鼓勵和支持。。

學員C 原來結伴同行、一起分享喜樂和痛苦、一起分擔工作，也能以家人看待。這個活動讓我不再對原生家庭給我的傷害看得太重，我可以自己找到合適的朋友當作家人。這個功課很有激勵作用！

學員D 找一個新的家，這個概念很棒，當我感覺不被家人了解的時候，或者想找人談心的時候，我趕快找個好朋友，約出來聊聊，感覺心裡踏實多了。

三. 脫離被操控

學員A 「讓我想一下……」這實在太好了！我知道我一直都不敢說「不。」明明自己累得半死了，或者我並不太願意幫忙，但我還是想盡辦法滿全別人的要求。原來這是被操控的共犯。「讓我想一下……」給了我自己機會，也給對方機會，我們有了商量的空間。我發現事情並不是沒有轉圜的餘地，我發現拒絕也不是那麼可怕。

學員B 「讓我想一下……」，這讓我的拒絕不那麼直接，我可以有機會說明我的理由、我的心情，她對我的拒絕也不會有那麼大的反應。

學員C 我知道我姊是個控制慾很強的人，她找我的時候絕對就是要我幫忙的時候，而她絕對要我按照她的方法做事，所以我都故意拖延與她見面的機會，雖然我有百般的不願意，我也不敢說「不」。有一件事已經拖了很久，看來閃躲不了了。「讓我想一下……」幫了我很大的忙，最後我鼓起了勇氣，找一個理由拒絕了她，我決定不再成為共犯。結局就是她氣沖沖地回家，以前我馬上會很自責，覺得我不該惹她生氣，還一直想如何彌補，這次我不再認為該對她的生氣負責，我感覺輕鬆許多。

學員D 我知道自己不能處理衝突，不能說「不」，因為我怕先生生氣。他都要我按照他的意見做事，我做的事他又都百般挑剔，我心裡實在非常不爽，但只會生悶氣。現在我學會了「讓我想一下……」，真好用。我用了好幾天的時間自己思考，模擬情境，終於等到了有一天，他又再挑剔我了，我就說：「等等、等等，你是說我……（重複他對我說的話）嗎？」，然後我自言自語：「如果我這樣做，會怎樣？那樣做，會怎樣？」喔！我感受到我突破了被操控的自由，不管他是否意識到？是否改變？但至少我不再覺得被打壓了。

四、讓事情結束

學員A 我是一個福利機構的社工，每天都有忙不完的事情，一件事情還沒做完，就又來一件，整天像陀螺一樣轉個不停，感覺自己越來越煩躁。老師教我：

「一個時間做一件事，其他事情暫時結束，下次再來。」我現在一樣有很多事，但心情完全不同了。只要突然冒出一件急需處理的事情時，我就收拾手邊的工作，告訴自己：「這件事暫時結束。」暫時結束讓我不再掛心這件事，即便再想起來，也告訴自己：「暫時結束。」整個人便清爽起來，不再那麼煩躁。

學員B 我有一個交往八年的男朋友，我們總是分分合合，分久了就會找機會再聚聚，和好之後又會因某個事件又再分手。我也一直為了要不要繼續交往、到底我們是否有結局而糾結不已。於是，我暫時將這件事情結束，我不再糾結，一切順其自然。他約我，我就赴約；他不約我，我就不去掛心。我的世界頓時變大了，我猶如一隻自由翱翔天空的小鳥。

學員C 我很喜歡看書、買書，但是沒有幾本書是看完的，我會常常想起哪本書還沒看完，有空的時候又會拿回來再看幾頁，就是有一種懸而未解的感覺。現在，我下定決心，沒看完一本書，就不要再買另一本。我讓每一本書有了結束，沒想到看完一本書，也讓我很有成就感。

學員D 我很喜歡DIY，常常一個還沒做完，又做另一個，這確實會讓我掛心還沒做完的，現在我回去將累積很久的半成品全部扔掉，我不再讓那些未完成的半成品占據我的心思，將來我要一個做完，再做一下個，不要貪心，這樣才能欣賞我自己的成品。

慧娟老師的回應

有學員反應說寫給嬰兒期的信有一點假假的，好像都是自己的想像。也有學員說雖然並不太知道自己當時的情形，但寫起來也還好。可是寫嬰兒的回信時，覺得內心有許多衝突，有一些抱怨。當然，寫給嬰兒期的自己或嬰兒的回應都是一種想像。

其實無論妳怎麼寫，都是你現在對自己的看法與情緒，這個活動讓妳自己的心情以另一個方式被看到。如果不去正視，以為過去了、沒事了，其實不然。如果你有比較受傷的嬰兒期，會有多一些負面的情感，那是一個很好的機會，讓妳用書寫的方式照顧一下自己。趁著你在閱讀本書，請學習用許多正向的方法撫平自己過去的創傷。

第四章

幼兒期——表達需要，讓小孩喜歡他自己

想要靠自己的能力完成一些事情，
也常用語言，表達要與不要的選擇
如果能獲得大人的鼓勵而非斥責，
就能獲得獨立自主的喜樂與滿足。
請練習對幼兒期的自己，正面積極地表達吧！
你值得獲得更多的讚美與肯定。

〈老陳的故事〉

老陳是一個獨居的老先生，有點頑固，穿著還算整齊，舉手投足也中規中矩，可是住處一片髒亂，我們常常納悶：他怎麼走動的？怎麼睡覺的？一輩子沒幹些什麼正經事，靠著爸爸的遺產過活。有人請他做事，他就極盡推拖拉之能事。每次約好時間見面，遲到的總是他。他整天遊手好閒，喜歡自己把玩各種樂器，或找人喝酒聊天；言談之間很堅持自己的理念，又愛大談闊論，更常因一言不合，馬上與人翻臉，才不管你是誰，因此並沒有真正可以深談的知己好友。

據說老陳小時候成績很好，各科都優於同年齡的玩伴，是同儕間的佼佼者；看著現在的他，你無法想像小時候的他是那麼出眾的。我隨口說了一句：「他爸爸一定很嚴格。」大家都驚訝地說：「你怎麼知道？」

的確，小時候他的爸爸對他非常嚴格，要求很高，達不到爸爸的標準就挨一頓毒打、辱罵。沒有做好功課，不准出去玩。但做好學校功課，還有做不完的參考書習題，根本沒有機會出去與同伴玩耍。

管他的人不在了，他現在的心態是：以前強迫我做的，我一概不做；禁止我做的，我都做得好爽。以前認真做功課，現在什麼書也不碰；小時候在家沒有發言權，現在到處找人聊天打屁，還得人家都聽他的；小時候被要求中規中矩，現在大肆放縱私領域，誰也管不著。

1～3歲的幼兒期是發展獨立自主或羞愧懷疑的階段，幼兒已經開始學會自己做事，完成一件事的成就感，使他感到獨立自主的喜悅，因而發展出勇於承擔責任的態度。媽媽要在他能力可及的範圍，鼓勵他做事，在完成一件事情的過程中，鼓勵要多於譴責、嘲笑或謾罵；特別在訓練如廁技巧時，無法妥善處理如廁訓練產生的羞愧感，甚於其他任何事情。

每個孩子的發展稍有快慢，千萬不要與別人比較，太早要求會使他因能力不足，而在失敗中懷疑自己，產生能力不足的羞愧感；過份保護、延遲要求，也會因爲剝奪他發展能力的機會而讓他感到羞愧、覺得不如人。

現在從幾個角度來看此時幼兒正在發展的內在能力：

1. 獨立完成工作：自信、喜歡自己

幼兒開始在走路、吃飯、大小便等肌肉和行爲上學習自我控制。在父母的鼓勵與協助下，初次體會自己完成一件事，很開心、很得意，覺得自己很不錯，這經驗會讓一個孩子很滿意自己、喜歡自己、很有自信地表現自己。

但若在訓練過程中要求過於嚴苛或追求完美，經常遭到抑制、否定、拒絕，則會造成幼兒在失敗中感覺羞愧、挫折、懷疑自己的能力、不敢獨立、不喜歡自己，做起事來過度緊張、焦慮、膽怯、退縮、依賴。

2. 體驗語言的魔力：自己可以有選擇

開始學講話：「要」、「不要」、「好」、「不好」、「我的」、「給我」……，他發現了語言的強大魔力。孩子表達了自己的意願，做了自己的選擇之後，可以獲得他想要的，就奠定了他

的自主能力，有信心地做自己的決定。

父母此時要耐心傾聽，採取信任、欣賞、鼓勵的態度，引導孩子在適當的機會說適當的話。語言的學習完全靠模仿，只要在生活中與他說話，假以時日他就能夠說得很好，不要強迫孩子開口說話、不要一直糾正他的發音與文法，也不能要求他反覆練習，更不能爲孩子代言，耐心地等他說完。說故事給孩子聽，鼓勵孩子重述故事情節是增加孩子詞彙的機會，也因爲故事情節擴充了孩子的想像力與創造力。

3. 表達自己的意願：感受獨立，做自己的決定

這時候的孩子正在學習表達自己的意願，學習做自己的選擇，但他還沒有到達完全獨立思考、獨立做事的階段，還是需要依賴大人；他在體驗自己的獨立感，但並不意味著要與母親分離；他強烈地渴望表達自己的意願，但依稀仍然渴望來自母親的肯定，此時母親在他表達意願時，對他的支持是非常重要的。

正因爲他還不能完全獨立，還不能做正確選擇，因此父母很容易忽略幼兒正在發展表達意

願的能力，沒準備好適時地放手。幫助太多、干預太多，甚或強將自己的意願加在幼兒身上，不但侵犯了幼兒的自我意願、阻礙了發展，如果因此認爲孩子不聽話，將孩子冠上「反叛」的罪名，進而壓制、責打，剝奪他表達意願的機會，那就造成更大的傷害了。

小時候在強權之下，委曲求全的孩子，將來無法做自己的決定，很容易討厭自己，覺得自己的意見沒有價值，必須處處討好別人，才能得到自己想要的……等。骨子裡那個無能、無用、沒人愛的感受，迫使自己轉而尋求名利、地位、美食、知識、藥物、性等等，以體會自我存在感。

4. 發展意志力：相信自己有能力處理事情

此時是鍛鍊毅力與意志力的重要時刻，每個孩子的發展有快慢，教導孩子時要注意個別差異，強迫學習會癱瘓了孩子的意志力，無法發展出自主能力，總覺得自己不夠好，無能、無助、無望的情緒，認爲自己沒有意志力，也沒有處理事情的毅力，稍微遇到一點挫折或挑戰，馬上就會被自己的無力感打倒和被自己的氣餒摧毀，因而產生過分依賴的個性，想讓別人爲他做決定，或想依賴物質來感受到自己的存在感，甚至引發上癮的現象。

有意志力的人會靠著自己的毅力站穩腳步，相信自己有能力處理事情，可以掌控外在的干擾，並尋找改善的機會。

5. 模仿力最強的時候：建立「好」與「不好」的正確行爲

1～3歲的幼兒還沒有發展出是非、對錯的判斷力，他們能表現出正確行爲與適當語言，完全靠模仿。父母與長者是他們的典範，以身教和言教培養他們正確的行爲，是父母這個時期最重要的功課。最近常常從網路視頻看到，父母因爲孩子說錯甚麼話或做錯什麼動作，而哈哈大笑，覺得很可愛，讓我看得心都揪在一起，這眞是非常要不得的事。

大人要成爲「要」與「不要」、「好」與「不好」的典範，尊重孩子的選擇，但不能太寵溺他。讓孩子有表達自己的機會，但不行的時候還是要堅定地拒絕。家有家規，國有國法，父母過度的寵愛、稱讚或幫忙，讓幼兒產生可以「隨心所欲」的錯覺，誤認爲「我想要的時候，所有的人都會給我。」忽略自己能力的限度及現實社會中的制度，長大後會成爲一個唯我獨尊、我行我素、貪婪、自私、任性、不合群、無法無天的獨裁者。

6. 培養做事的態度：能力範圍內可以完成任務

在大人的陪伴和適時的幫忙下，讓孩子完成一件事情之後，孩子不但獲得了自我存在感、自我價值感，心中充滿了自信、喜樂和滿足，在完成一件事的過程中，還學會了處理事情的方法、解決問題的方法、面對挫折與挑戰的勇氣、毅力、耐力、忍受力與韌性。此時給予做事的機會，可以幫他發展出勇於承擔的責任心與意志力等等。因此爲人父母的，更要積極尋找適當的機會，給予孩子獨立完成工作。但要注意：太早要求會使他因失敗而懷疑自己的能力；延遲要求則因能力被剝奪而感到羞愧、覺得不如人、不喜歡自己。

7. 發展人、我界線：自由提出要求，渴望能被尊重

界限就是爲某個人、事、物標示出一個範圍或邊緣，是對自己不同於他人的認知，這種認知讓人承認每個人都是獨立的個體。界線讓我們以客觀的態度評估情勢，以尊重的態度接

觸他人，以坦然的態度重視自己。

自主能力發展良好的人才能發展適當的人我界線。一個缺乏自我界限的人其實是沒有自信的人，喜歡把人看成自己的一部分，堅持己見、操控對方，或者過分依賴、甘被操控，很難用適當的方式來與人交往。

界線讓我們在情感關係裡，區分我與對方的情緒、想法、作法；在親子關係中，區分父母想要的或孩子想要的；在工作團隊當中，區分你的責任或是我的責任。沒有界限的人就是混亂的，不是過度爲別人承擔責任、過度掌控、強烈地企圖改變別人；要不，就是表現得過度依賴人、推卸責任、事不關己、不敢承認錯誤等。

當那個沒有充分獲得尊重的人成了父母之後，孩子提出要求馬上就覺得威脅到自己，當下有不被尊重的傷痛。帶著不被尊重的傷痛經驗，面對這個階段的孩子自然也就不會給予孩子適當的尊重。

渴望受到尊重的心會不由自主地強將自己的意願加在孩子身上，因而失去了人、我之間的界線，對孩子發號司令是爲滿足被尊重的需求，用強壓手段來反對孩子提出的要求，是爲舒緩孩子所提出要求時對他的威脅。這樣的父母不是養成爲所欲爲的頑強獨裁者，就是養成唯唯諾諾的尾隨順服者。

8. 適當滿足需求：獲得激勵，繼續往更高的層次追尋

心理學家馬斯洛（Abraham Maslow，1908～1970，美國猶太裔）說人有五個不同層次的基本需求：生理需求、安全需求、歸屬需求、尊榮需求、自我實踐需求，從尋求最低層次的生理需求開始，直到最高層次的自我實踐，滿足一個層次的需求之後，才會往上追尋；如果在某個層次的需求受挫，會退回下一個層級，例如尊榮需求受挫時，會強烈需求歸屬，以被愛做為受人尊重的指標，或改以擁有物質（金錢）做為評估自身受人尊重的指標，此時追求金錢的欲望不是眞正的生存需求，而是挫折回歸的結果。

需求是激勵人行動的原因和動力，人會為了某種需求的滿足而展開行動，不同的時候對各種需求的迫切性也不同，基本需求獲得滿足讓人覺得自己很有價值、很滿意自己；需求沒有被滿足，人總感覺缺憾，沒有自我價值感。

在需求不斷受挫中長大的人會覺得自己沒有價值，為了滿足自己的需求不擇手段，用一

切方法讓自己覺得有價值：名利、地位、錢財、美食、性……，甚至到了成癮的現象。爲什麼越有價值感、有自信的人越看淡世間榮華，因爲他在基本需求及時獲得適當滿足之後，已經感覺到自己內在的豐富性了，外在的一切都是多餘的裝飾。

沒被滿足的基本需求會演化成無法克制或無法延宕滿足的本能衝動，形成過分強烈的需求，過分的需求我們稱之爲欲求（在不餓的時候吃，買多餘的衣服，拚命工作……），所以我們必須辨識需求與欲求。

自我探索時間

探索① 幼兒期的積極表白

不斷對自己說，也可以幾個好友一起彼此說。

小——我喜歡看到你長大的樣子（空格請念出自己的名字）

小——你可以有情緒

小——你可以放心要求

小——你有權利得到你想要的

小——你可以看到、聽到不完美的人事物

小——你可以快樂地嬉戲或無所事事

小——你可以對自己講實話，不必扭曲事實

小——你必須知道自己的界線、忍耐與延宕

小——你有承擔後果的責任和能力

小——你會犯錯，也可以犯錯

小——你不需要對父母的衝突及家庭問題負責

小——有衝突沒關係，只要你去處理它

探索②　端詳你的幼兒照

找張幼兒期的照片，仔細端詳，感受你當時的生命力、好奇心，想像他呀呀學語、步伐不穩的情形，對他講幾句鼓勵的話，也就是積極表白。

探索③　寫下幼年歷史

二到三歲時的你在哪裡？誰常在你身旁？你常與誰玩耍？父母（手足）如何管教你（體罰嗎）？當你表達情緒時（生氣、哭泣、害怕、歡笑……）他們的表現如何？誰完成了我的意願？誰給了我好與不好的典範？

如果你想不起來，可以自問：看到打翻牛奶、扔掉食物的小孩時，你的感覺如何？你會說甚麼？

把重點放在使情感與需要受到壓抑的事件上，盡可能記下你所知道的具體細節，有一句療傷的口號：「說得更仔細就沒錯。」記得給自己積極表白！

探索④ 向人表達需要（提出要求）

不敢輕易表達需要，其實是沒有自信的徵兆，越沒有自信的人越不能自由、自在地與人溝通。向人表達需要、向人提出要求是建立自我存在感最好的方法，要多加練習。從小事情、信任的人、成功率高的事、被拒也無妨的事、陌生人……等開始練習。請注意你在表達需求時的感受及需求滿足時的感受。

探索⑤ 重新和基本需求接軌

美國耶魯大學的阿爾德佛（Alderfer）將馬斯洛的需求理論，簡化成三個基本需求：

1. 生存需求（existence need）：賴以維生的物質與生理條件，例如吃、喝、睡、薪水、環境等。
2. 關係需求（relatedness）：與人互動，彼此接納、肯定、了解與影響。
3. 成長需求（growth）：尋找發揮自我的機會，有效運用個人能力去發展、創造與生產。

如何與基本需求接軌：

需求強度是非常主觀的，無須外在的參照，完全由個人內在心態所決定。個人對本身的需求強度越清楚，越能駕馭自己的需求，避免讓需求成為永無止境的欲求。

1. 隨身帶著紙和筆，每次看到東西就想買（或吃）、升起一個欲望時，就立刻寫下來。
2. 將想要做的思、言、行為寫下，然後問自己：我真正的需求是什麼？一一審視，傾聽內在真正的聲音。例如：不餓的時候吃東西、買不必要的東西、伸手找香菸、說謊、性行為等。

以下表格內的舉例，只是示範，空格請自己填寫：

我想要的是甚麼	為甚麼	真正需要嗎
買一套新衣服	參加婚禮	O
去買一包滷味	現在很想吃	X
約朋友出來吃飯	享受友誼的喜悅	O

3. 寫下之後，再審視一下，確定是否為基本需要？楨掉不是真正需要的。

4. 用適當的方式，滿足真正的需要。

探索⑥ 培養人我界線

活出有人我界線的生命，可以從以下幾方面來提醒自己：

1. 自我認同

缺乏自我認同的人，無法認清自己是誰？別人是誰？一直活在別人的要求中，不懂為自己而活。充分了解自己的個性、才能與興趣，才能從別人的期望中走出來，為自己的人生負責。

2. 自我尊重

學習看重自己身、心、靈的需要，宣告你有權利拒絕別人過份的要求、掌控、傷害，甚至虐待。

3. 自我負責

學習為自己的感覺負責，避免受別人的情緒影響或控制，不必因害怕別人生氣、傷心或失望，而壓抑自己的感覺。不必對別人的不順、失意或生氣感到罪惡感。

4.自我掌控

為自己的行為負責，掌握自己的生活，不能讓別人為你的行為負責，甚或掌控你的生活。

學習為自己做出選擇和決定，並為自己所做的選擇和決定的後果負責任，勇敢將交給別人的控制權和選擇權收回，自我掌控。

題1. 我越界了嗎？

①甚麼時候、在甚麼事情上，我比較容易越過人我界線？例如：操心別人、掌控別人、堅持己見等。

②我該如何做，以維持良好界線？

③我這麼做了以後，有甚麼感覺？對方有什麼感覺？

題2. 我讓人踩到紅線嗎？

①甚麼時候、在甚麼事情上，我比較容易受人掌控？例如：尋求別人的建議，希望讓別人為我做決定，太在乎別人的看法，而壓抑自己，責怪別人等。

②我該如何宣告自己的獨立權，以維持良好界線？

③我這麼做了以後，有甚麼感覺？對方有什麼感覺？

學員分享時間

一、幼兒期的積極表白

學員A 寫嬰兒期的積極表白時，我覺得很不真實，經過幾次練習之後，可以感受到對自己的肯定，這次寫幼兒期的積極表白，我就很認真的做，我可以感受到自我鼓勵的力量。

學員B 我很喜歡這次的積極表白，這些內容對我有很大的鼓勵，每一句話好像都是針對我寫的。積極表白應該常常做。

學員C 我把積極表白貼在鏡子上，每天晚上梳洗完畢，我對自己說幾句積極表白，每一次我都很愉快，對自己也充滿感激，越來越覺得自己不錯。

學員D 我蠻喜歡積極表白，特別在緊張、忙亂的時候，用積極表白給自己一點鼓勵很不錯。我不記得老師給的積極表白清單時，就自己創作句子，反正給自己積極鼓勵就好了。

二.端詳幼兒照

學員A 上次沒找到嬰兒照有點遺憾，發現很多同學也都沒有，讓我有點釋懷。這次找到一張大約是3歲的照片很珍惜。看著照片中的自己，是很可愛、很純真的樣子呀！現在我好愛我自己。

學員B 我把我的幼兒照放在床頭，每晚睡前拿起來，用積極表白跟她說幾句話，感覺好棒，感覺我內在有一股無窮的力量，因此我知道我可以更好、更棒！我要努力做好我自己。

學員C 以前總覺得我的童年過得不好，對自己積極表白之後，我覺得其實也沒那麼不好，好像比較可以接受童年的不如意，而且我可以用我現在的力量使自己更好。

三.回顧幼兒史：（略）

四、向人表達需要

學員A 我知道我是一個很不容易向人提出要求的人，當我想提出一個要求時，會考慮掙扎半天。這個練習對我幫助很大，從小事開始練習，就沒那麼大的壓力。有一天，我故意去找一個陌生人問：「現在幾點？」她很熱心地拿出手機告訴我。還有一次故意問路，她也是拿出手機幫我找路。我覺得很感激，也被她們的熱心感動，我體會到人與人之間的溫暖。

學員B 我一直都很抱怨先生不幫忙，長久下來，我們之間的話越來越少，我也只是生悶氣，悶著頭做家事。現在我覺得與其抱怨先生不幫忙，不如試著提出一點要求，從一點小事開始，不要在乎他的回應，只當作我在練習功課。我發現其實先生也不是不願意幫忙，只是我沒提出要求。

學員C 在人力吃緊的狀況下，我每次要請假都猶豫半天，想很多，要從各種理由中找一個更好的理由。其實明明我就有很多假呀！這次為了練習提出要求，我很坦然地去找組長，直接了當地說：「有一位很久不見的朋友要來，我必須請假。」我感覺勇敢提出要求是對我自己的看重，別人怎麼說、怎麼想，不關我的事。我還很驚訝地發現：如果請假不准，我也沒有太多的情緒。

五. 與自己的需求接軌

學員A 逛街時，想到老師教我們拿隻筆，隨時寫下我想要的東西，回頭再看看：是不是真正的需要？這下光想到老師的話，就買不下去了，可見我以前很會亂買東西。

學員B 寫下來真的很有用，我發現我會槓掉大部分的東西，可見平時都不考慮是不是真正需要就亂買。

學員C 我很喜歡簡化成三個的基本需要，我現在會拿出來看看，檢視一下有哪些是基本需要，我要學會找機會去獲得，特別是有意識地滿足成長的需要。哪些不是我真正的需要，我必須楨掉。

學員D 原來做事也是基本需要，我總覺得我的工作也不是甚麼好工作，每天為工作而工作，只是為五斗米折腰。現在我做事，就會想：我在發揮我的才能，我在訓練自己更成長，我在幫忙老闆完成一件事，我在促進社會繁榮……，我發現我也是很有價值的，我在發揮小螺絲的作用。

六．培養人我界線

學員A 我知道我是一個得理不饒人的人，常以公平正義為由，與人強辯，常常顯出很強勢的樣子。當我知道強勢也是自我信心不足的現象之後，我特別小心，每當我又在據理力爭時，我就想到：「不要越界，讓人做他自己，容忍一下自己的脾氣。」這樣做之後，我發現我做人比較有彈性了，人際關係也比較和諧了，而且我發現：其實自己對也不會對到哪裡，別人錯也不會錯到哪裡，真是五十步笑百步。

學員B　我非常在意別人的想法和感受，尤其是家人，我常常是第一個讓步的人，但讓步之後，我就自己生悶氣。前幾天，姊姊又再要求我幫忙做一件事了，這次為了做練習，我拒絕她，清楚告訴她不能幫的理由。爭執了很久以後，我們不歡而散。我為這件事，難過了好幾天，一直想要如何讓她不生氣。老師說暫時容許這個難過的情緒存在，告訴自己：我在練習表達自己，不要太在乎別人的反應。我還有很長的路要走。

學員C　身為一個媽媽，我要常常提醒自己保有人我界線，這是我要不斷提醒自己的地方，我常以為我在為孩子著想，要把他們照顧得好好的，或者以為我是在教導他，其實常常是越了界，忽略了他們的自由意志。

第五章

學齡期——肯定我的潛能，找到自己的定位

發現自己有獨特的天賦，
被賦予責任完成一些任務，
這些都可以幫助兒童找到自己的定位。
若是你在學齡期不被允許作你自己，
現在修補不遲，
找到最令你活出自信、快樂的事情，
允許自己放手去發展看看！

〈薛弘道修士的故事〉

薛弘道修士（瑞士人，1939～2022年）母親很小就出外替人幫傭，父親經營鐵工廠，修士很小就被帶到鐵工廠就近照顧，到了9歲已是個小幫手，除了上學，大部分的時間都在鐵工廠幫忙。這些早年的經驗促成修士堅強的個性、吃苦耐勞的精神、學習各種技能的動力及處理事情的方法與態度。

28歲離開家鄉，到台灣來傳福音，在台灣服務46年，1969～1976年在台東公東高工機械科、焊接科、木工科任教。在台灣還沒有技術的時代，就曾帶領學生為台北馬偕醫院製作了三百個電動病床。跟他合作過的人都知道他懂得很多，也很有自己的想法，但他常是配合別人的需要提供服務，人人都佩服他隨時準備好為人服務的精神。他的本事真多，除了土木、油漆、水電、焊接、木工之外，他也會烹調、烘焙、彈吉他、攝影，中文的聽說讀寫更是到位，他可是用倉頡輸入法打中文的喔！

薛弘道修士於2022年1月9日，在許多朋友和白冷會弟兄的陪伴下，安詳地離開這個世界，安葬於瑞士天主教白冷會院的墓園。

編者注：本段介紹，部分參考了網路報導。

學前期（3～6歲）學習範圍更廣了，大部分的孩子開始上幼兒園，以幼兒期的獨立自主為基礎，現在更加穩固地發展出自動自發的態度，否則羞愧懷疑的心態會演變成破壞操縱。

上一章提到幼兒期還沒有發展出對錯、好壞的判斷力，所建立的行為只靠模仿，而學前期正是良心培養的時機，對人、地、事、物開始有了對錯、好壞的判斷，家長要適時給予正確的指引，給予正面的人生觀；如果發展良好，就能尊重規範、尊重他人、行動有清楚的目標、生活充滿活力、有進取心。如果太自我中心，就成天搞破壞，而過於壓抑的孩子不敢表達自己，二者過與不及，長大後，都會造成反抗、破壞、操縱的性格。

學齡期（6～12歲）開始進入學校，接受正規教育，按部就班地學習將來生活所需要的知識與技能，此時是發展自我潛能的時刻，勤勉是此時期很重要的心理能量，在學校必須勤勉地認真學習，不能再如幼兒園一樣在遊戲中學習，否則會跟不上功課，遭受挫敗，而覺得自卑。

唯有尊重個別差異的校園教育，才能幫助每個人建立自信

艾瑞克森非常重視教育，認爲教育才能讓人在面對各種人生逆境時，提升自我能力，盡可能將危機化爲轉機。父母、師長、同儕、社會、環境、習俗等都是教育者，都是學習的對象，一個人能有更多學習的成功經驗，就能自信地追求自我實現的人生目標。

但教育是助力，也是阻力，如果家庭或學校的教育不能配合兒童的心理需求與個別差異，不能使他們快樂學習，而只是在望子成龍或升學主義的觀點下，強制兒童學習，難免使教育的助力變成阻力。目前台灣的家庭與學校過分重視知識教育與升學主義，讓孩子在學習過程中經驗過多的失敗或無趣，這也是造成青少年問題的主要原因。

學校是我們受教育的地方，但很諷刺的，學校常常變成讓更多人感到羞恥與沮喪的地方。成績的評比、名次的排列、升學考試等，讓我們誤以爲爭取好成績比學到什麼更重要。

成績不好的人覺得差人一等，進而對自己產生懷疑、自卑；成績好的人也造成輸不起的張力，因爲他習慣了「A」的光環，追求不到「A」的成績，造成的失落感，不亞於成績差的人對自己產生的懷疑、自卑。

我的獨特優點是什麼？學齡期兒童渴望找到自己的定位

適性的教育可以發揮兒童潛能，化解階段性危機，但學校劃一的課綱，沒有達到「有教無類、因材施教」的教育目標，而台灣家長又在升學壓力下，強迫孩子參加課後輔導班，或一窩蜂地在課後送孩子去學各種才藝。這本來是好的，因爲天資各有不同，學校功課不好的孩子，可以在才藝方面發揮所長。但大部分的家長都抱著「隔壁家的孩子在學鋼琴」、「不能讓自己的孩子輸在起跑點」，或「我未了的心願寄望你來完成」的心態，選擇才藝課程時，往往忽略孩子的特質、扼殺孩子的潛能，只將自己不斷與人攀比的心情轉移到對子女的要求。

記得我小時候成績不好，媽媽常說：「你就是愛玩，不愛念書。」爸爸就常常說：「來來來，我們來看看你不愛念書，將來可以做甚麼？」少不更事的我只會天花亂墜地亂說一通，老爸當然很認眞地爲我分析一番，總結就是不念書，甚麼也做不成，但似乎並沒有因此而讓我更認眞念書。可是不管爸、媽做甚麼事，我都喜歡摻一腳，我總是做得津津有味，樂此不疲，還常常因爲被爸媽叫去幫忙，而洋洋得意，比學校的功課有趣多了。到現在我都還記得鄰居媽媽讚美我會做事，或我看到同學不會而我會時，那種得意的心情。其實我現在的生活技能與生活態度都是那時候養成的，對薛弘道修士的故事我是很有共鳴。

光是快樂做家事，就能讓孩子長大後容易積極樂觀

從小被訓練做家事，未來的成就愈高。美國哈佛大學心理學家韋朗特（George Vaillant）研究指出，童年有做家事習慣的孩子，成年後獲得高職位的機率比一般人多4倍，失業機會則少15倍；此外，做家事的孩子也比較樂觀，且有充實感，原因就是訓練做家事培養出責任感、獨立、負責、耐心、分析、判斷、選擇、做決定等等的反應能力，並養成生活秩序、時間控制等等。反之，從小不愛勞動，長大了也不能吃苦、過度依賴、沒有責任感，成就當然就平淡無奇。

做家事養出的能力比學校成績更重要，你還在叫孩子「快去念書，家事我來做」嗎？不要養出只會念書，不會生活的小孩。但訓練孩子做家事時，千萬不要使用「命令」的口氣，讓

做家事變成壓力，而不是喜悅的參與。

學校沒教會我們肯定「我是誰？」，不但沒有發展我們自己的獨特潛能，也沒養成我們眞正的能力感，以及完成一件事後的成就感，即便忙於追求「A」的人也沒有。能力感與眞正的能力是不一樣的，成就感與成就是不一樣的，有能力感的人才能培養出公平競爭的態度，有成就感的人才能發展出知足的喜樂。

欣賞自己、不自卑、就算被人討厭還是喜歡自己

此時期的兒童會以成績或各項表現，辨識自己與其他兒童能力之間的差距，也會以高矮、美醜、貧富等比較自己與他人的自我價值觀。艾瑞克森認爲此時教師扮演非常重要的角色，應該在教室、同儕中確保每位兒童都可以欣賞自己，而不是感到自卑。

心理學家阿德勒說：「允許人可以討厭你，你也可以不喜歡別人」這是有能力感的人才能培養出來的。很多人總希望被喜歡而不被討厭，但每個人各有不同的價值觀，不被某人喜歡是正常的。就算我被某人討厭，我還是可以喜歡自己。

「山外有山，人外有人」透過比較，有人會更努力、更精進，但也有人會變得沮喪和憂鬱。如果父母在手足之間或老師在同儕之間偏心，或以分數和名次來衡量孩子的價值，比較就養成了以他人的眼光來評斷自己是否優秀、成功或幸福。長大後成績不再是比較的素材，轉而用財力、權力、地位、身材……來比較。比不過別人就把自己孤立起來，退出群組，斷絕聯繫，成了自戀、懦弱者。或者反過來對競爭者大肆評擊、惡意中傷、忌妒、攻擊、破壞，若身處高位就極盡打壓之能事。心理防衛機制理論中的酸葡萄（吃不到葡萄說葡萄酸）與甜檸檬（吃到了檸檬說檸檬甜）就是比較心態造成的防衛機制在作崇。

自我定位和價值觀形成，幫助「勤勉」人格的發展

記得年輕時，聽到了這句話給我很大的鼓舞：「雞吃米、羊吃草、狗吃屎」自由做自己，相信「天生我材必有用」不要與人比較，好好找到自己的定位，發揮自己之所長，勤勉地做自己該做的事。感受到自己生命的主導權，就會積極面對生活挑戰，對周遭一切有足夠的信心和力量，對自己的人生感到滿意與幸福。別人的財富與才幹值得肯定與欣賞，但不必比較、

不必羨慕，更不必嫉妒。

勤勉做事是培養自我價值很關鍵的要素，《大學》中說：「德者，本也；財者，末也。」沒有德行的知識是很可怕的，忽視了「以德爲本」的處事道理，終將導致世風日下，人們變得冷漠無情，唯利是圖。所以培養能力、實踐才能的同時，也應該有一套自己的價值觀。沒有一套屬於自己的價值體系，就找不到自己展現能力的意義。價值觀是個人的生活態度，處事爲人的疆界，是不能輕易隨著人、地、事、物而改變的。

價值體系有下列幾個特質：

①必須是自由選擇的

②必須還有其他選擇存在

③你願意承擔選擇的後果

④一旦選擇了你會重視這一價值

⑤你願意公開表達這一價值

⑥你會努力實踐這一價值

⑦你會持續並重複根據這一價值而行。

往後，無論你做任何事情，都要提醒自己專注在最重要的價值觀上，這樣一來，即使日子過得再忙碌，你也會因爲知道自己是在爲人生最珍視的價值目標而努力，不致於失去方向、身心疲累。

自我探索時間

探索① 學齡期的積極表白

年輕的＿＿＿＿，你可以按你自己的方式做事

你可以挺身而出，我支持你

你可以相信自己的判斷，只需接受選擇的後果，你可以與別人有不同的意見

你可以選擇你的朋友

你感到害怕沒關係

你有權利得到你想要的東西

你可以穿你喜歡的衣服

你可以考得不好，成績不是一切

年輕的＿＿＿＿我喜歡你的模樣

請自由書寫下去……

探索② 學齡期的冥想

當時家裡的情況、上學的路上、帶便當的情形、教室的情形、遊戲場、與老師、同學的關係、你穿的衣服、你在學校的表現……。冥想之時，對自己做積極表白。

探索③ 寫下就學的歲月（6～18歲）

1. 關鍵的成年人：寫下他們的名字及對你的影響，不論積極或消極面
2. 重要的事件：例如某聖誕節或生日得到第一台錄音機，對你的意義。
3. 創傷事件：你認為最嚴重的心理創傷，例如父母離婚、去世……。

探索④ 回想快樂時光

成績不好，覺得處處比同學差，不喜歡念書……，都讓我們仍然印象深刻，甚至還隱隱作痛。現在刻意讓我們來回想快樂時光，以彌補缺憾。

1. 回想當時除了功課之外，讓我覺得很快樂、很有成就感的事？
2. 用一點時間沉浸在當時得意的情緒中，感受自己的美好。

探索⑤ 增加自我成就感

完成一件事情之後，不要輕易地讓它過去，回顧一下，讓自己感受一下完成一件事情的成就感。

探索⑥ 價值的澄清

題1. 檢測你自己擁有的價值體系：

每一個項目，從1～5填入你認為自己的價值觀強度。1是最弱，5是最強

□ 誠實	□ 信仰	□ 改變	□ 成就感	□ 幸福	□ 愛與慈悲
□ 平衡	□ 社交	□ 領導	□ 喜悅	□ 和平	□ 影響他人
□ 金錢	□ 能力	□ 自然	□ 選擇	□ 分享	□ 服務他人
□ 成功	□ 時間	□ 冒險	□ 成長	□ 有效率	□ 專業能力
□ 傑出	□ 家人	□ 傳統	□ 自尊	□ 安全感	□ 工作意義
□ 藝術	□ 誠信	□ 自由	□ 休閒	□ 獨處	□ 有競爭力
□ 智慧	□ 獨立	□ 旅行	□ 舒適	□ 被認同	□ 發揮潛力
□ 權力	□ 創造	□ 承擔	□ 正直	□ 歸屬感	□ 名留青史

題2. 為人處事的價值觀

1. 從上列清單，選出最強的三到五項，成為你的價值觀。
2. 從今以後，把這三到五項牢記在心，為人處事時常以它為指標。
3. 現在暫時挑選，隨著時、空移轉也許你會改變、更換。

題3. 工作價值觀的澄清

我們要找到自己的工作價值觀，才能承受來自工作的各種壓力。尼采（Friedrich Nietzsche）說：He who has a why to live for can bear almost any how.（知道為甚麼的人就能知道怎樣應付。）

寫下你自己認為為何工作？是展現能力？興趣愛好？服務？為五斗米折腰？老闆交代的？或是……

答案沒有對錯，你讓自己越清楚為何而做，就能心甘情願、輕鬆自在，甚至充滿熱情。

學員分享時間

一、積極表白：（略）

二、學齡期的冥想

學員A　回想小學階段，只記得拼命補習，寫參考書習題，督學到校突擊檢查，老師要我們趕快把參考書藏起來。讀書在當時只有「壓力」和「無趣」可以形容。老師又超愛比成績，成績不好讓我深深覺得自己很差勁。還好爸媽不在乎我們的成績，回家不會因為成績不好而被罵。現在回想，這是父母的德政，讓我的成長不至於太扭曲。

學員B　以前家裡窮，父母又忙，放學回家，要幫很多事，當時覺得我真命苦。現在回想，覺得也沒那麼糟，還慶幸小時候有那些磨練，讓我現在做人處事非常順利。

學員C　學齡期的冥想確實能夠修正我的一些觀念，感覺小時候過得並不快樂。現在回想起來覺得也蠻感恩的。

學員D　回想小時候的我實在太養尊處優了，媽媽只會提醒我去念書，甚麼事都不要我做。出了社會跟人有了比較，才知道我什麼都不會，記得有一次我回家跟媽媽說：「你為什麼都沒教我做家事？」媽媽說：「就想讓你多念書呀！」還好我有一個好學的個性，小時候沒學的，我現在都學會了。

學員E　回憶起小時候被對待的情形，還是有點感傷，有點難過。不過現在我學會了用較積極正面的思想來過日子，也還好。記得考高中時，我下定決心要考上一個好學校，離家越遠越好，還好真讓我考上了。從此我一路念書都很順利，也找到一個好老公，也許這個小時候的經驗才讓我立定志向努力向學，想想也值得感恩。

三.就學歲月的關鍵成人

學員A　記得爸爸教我數學，教我寫毛筆，教我吹口琴，我在他的打字機上敲敲打打，他也不制止，還教我認識英文字母，這些回憶讓我再次充滿幸福、被愛的感覺。

學員B　媽媽教我包粽子的情形還歷歷在目，她不厭其煩地教，我一步一步跟著學，她怕我綁不好掉地上，還準備一個盆子在下面接著，現在回想才感受到她的愛心和耐心。

學員C　我父母都不是很精明的人，爸爸早出晚歸，安分守己的工作。印象中媽媽每天蹲在水龍頭下洗一大盆衣服，可以洗一整天。我們四個孩子最喜歡跑到三合院另一頭的表舅家找嬸婆，印象中她非常愛我們，把我們打理得乾乾淨淨，講故事給我們聽，還會指導我們的功課，聽說那個年代，她是數一數二念過書的女人。我與她的互動比我的父母多。我的生命中多虧有她。

學員D　慢慢長大，我發現我的父親是個價值觀很扭曲的人，我開始很厭惡他，出外念書以後，我就很少回家，與他的互動少得可憐。我感覺內在還有一個過不去的坎是受他的影響。

四、回想快樂時光

學員A　我放學回家必須趕快去把爐火升起來 再叫媽媽來煮飯。經驗告訴我那細細的樹枝最容易把火點著，於是我在放學回家的路上，一看到樹枝就撿，同學也幫我一起撿，再跟我一起送到家裡。那一段大夥兒嘻嘻哈哈的回家路，是我最快樂的時光。

學員B　爸爸教我數學、教我寫毛筆字，教我學樂器，有時還覺得煩，心想：好了啦！我要出去玩了啦！還記得搶著看爸爸的書，爸爸都會說：「你看不懂啦！」爸爸越說我看不懂，我越要看……，現在想起來，仍然充滿愉悅的感覺。

學員C　印象還非常深刻的是：我家牆上掛滿了我的獎狀，媽媽常對來訪的客人誇讚我，客人也不停地誇讚我，讓我對自己充滿了信心，覺得自己不錯。這些事影響我往後的生活、學習與工作相當深遠。

學員D　一群小孩在上學和回家的路上嬉戲，一起到溪邊玩、爬樹摘水果，被主人罵就一哄而散……，喔！真是美好的回憶。

學員E　媽媽會自己做衣服，我們常常穿著媽媽做的衣服，鄰居看了都會讚美一番，這是我們最得意的時候。

五、增加自我成就感

學員A　上課後，知道增加自我成就感的重要，我就有意識地練習，當我完成上司要求的一件事後，我體會一下我的成就感：完成一件事的輕鬆感、能力感、責任感、覺得自己不錯。突然覺得我在辦公室是一個不可或缺的角色，覺得更喜歡自己。

學員B　我好像從來沒有刻意欣賞過自己的成就，體會成就感，剛開始要練習的時候，感覺有點困難，找不到有什麼成就的事，即便想到一件事也不覺得那有什麼成就。為了讓自己更好，我還是努力練習。為孩子綁好辮子後，我欣賞一下自己的傑作，讚美一下小孩，也讚美一下自己，感覺真的不錯。沒想到這個小小的動作，讓我接二連三看到自己每天 routine（日常）的工作，充滿了意義與價值。這練習增加自我成就感，讓我生活更充滿活力。

學員C　我刻意找我得心應手的事情做，做完之後回顧一下，告訴自己：你很棒！

學員D　我現在常常有意識地回顧自己做完的事，感受一下完成工作的成就感；我也刻意告訴身邊的人：你完成了這件事，很棒！每個人聽到之後都會回饋給我一個會心的微笑，感覺很棒。

學員E　老師說：成就與成就感不同，有成就的人不一定會欣賞自己的成就，就不會有成就感。這句話為我很受用。我每做完一件事後，要回頭欣賞一下自己的成就，累積我的成就感。

慧娟老師的回應

1. 小時候的傷痛經驗，現在要以成人的能量來面對，有關成人的能量，留待後面章節再詳加分析。父母還在要找機會回去與他們聊聊，用成人的眼光了解他的成長背景，你會有更多的諒解，諒解他們的無心之過。還有，心理學上有一個說法：「20歲以後要對自己的生命負責。」與其留在過去的傷痛中，不如勇敢站起來，重新塑造自己的生命。

2. 讓每一件發生的事情都成為我們成長的墊腳石，而不是絆腳石，回憶過去是要從其中汲取生命的力量，如果傷痛依舊很大，先照顧好你的情緒。情緒是真實的存在，不要否認它，接受了才能從那裏開始一點一滴地被治癒。

3

從學員的分享我們可以看出，回想小時候的快樂時光，是個很棒的經驗，而且還有療癒作用，雖然時光已遙遠，但大家都歷歷在目，更可貴的是大家都還可以感受到當時的快樂氣氛。這不但修復了當時的缺憾，也豐富了目前的生活，大家可以常常做這個回想，更可以跟家人、朋友分享，分享時的喜悅格外多。

第六章

青春期——迫切找尋「我是誰？我想往哪裡去？」的答案

你可能沒有想過，
馬丁路德和艾瑞克森的自我認同危機，
讓他們在找尋「我是誰」的過程，
成就了他們一生的事業，
並永遠地影響了後來的世界。
讓青春期的爆發力，在此時做最好的引燃吧！

艾瑞克森的故事

「自我認同」是艾瑞克森理論的重心。1958年艾瑞克森出版了《青年路德：一個精神分析與歷史的研究》，他藉由研究馬丁．路德，探討「自我認同」危機（self-identity crisis），這當然是艾瑞克森一直困擾自己的問題。書中艾瑞克森特別處理路德「青年時期」的心理衝突，尤其是與父親角色的衝突，以及人生方向的選擇問題，這都是他自己的問題。而這些問題也是60年代美國相當嚴重的青少年問題。所以艾瑞克森筆下的青年路德，是他自身的生命經驗，也與他臨床所面對的案例有密切關連。

艾瑞克森不知道自己的生父是誰？而產生了「我是誰」的疑問，這是他研究自我認同的強大動力。他在高中畢業後，也花了六、七年的青春歲月去追尋自己未來的方向。繼父希望他繼承衣缽，但他卻受了母親喜愛藝術的影響，想以藝術為志業，但是當他發覺自己沒有這方面的天賦，無法跟上那些偉大藝術家時，他放棄了藝術之路。因體認自己無法走藝術之路而內心感到混亂、脆弱、退縮，他也面臨了他所謂的青春期的「自我認同危機」。

所幸，在一個偶然的機會中，艾瑞克森接受好友彼得的邀請，一起到維也納海茲（Hietzing）學校教書，這所學校是佛洛伊德的女兒—安娜．佛洛伊德，根據精神分析原則所創辦的實驗學校，艾瑞克森教導小朋友藝術、歷史與德國文學，也在安娜的引導下，學習精神分析、兒童分析、蒙特梭利訓練。艾瑞克森在精神分析工作中，結合了他的藝術興趣，以他敏銳性與創造性的藝術氣質，透過話劇、繪畫來分析兒童內在情緒。

1929 年，艾瑞克森在海茲遇到了他的妻子瓊（Joan Erikson）。瓊不但照顧他的生活起居、負起養兒育女的工作，更協助他發展專業。他景仰美國文化，認為美國是民族大熔爐，在美國沒有人在意你的父親是誰？你從何處來？他在瓊的建議下前往美國。

移民美國對艾瑞克森來說意義重大，取得美國國籍後，他把自己的姓名改為艾利克．艾瑞克森（Erik H.Erikson），從美國的國家認同，他體認出自己是他自己所生成的，在那全新的國度他接納了自己；既然他追不到屬於自己的根，只能重新塑造自己，艾瑞克森終於成為自己的父親，他開始掌握了自己的生命。

到了維也納的六年後，1933年他成為維也納精神分析學會的會員，開始以精神分析執業，1960年被特聘為哈佛大學教授，在教書與研究工作上得到了同儕、學生以及精神分析界的肯定，他的「人格發展」觀點也相當受歡迎，至此艾瑞克森確認了以精神分析與心理學為志業，內心深處對自己身分地位的認同才終得確立。

編者注：本段介紹，除作者的學識之外，酌量參考網路百科資訊，使其介紹更為完整。

到了青春期（12～24歲）的青少年會自問「我是誰？」人生何去何從？我該如何選擇我的志業？

孔子所說「三十而立」，正是青年人尋求「安身立命」的時期。雖說艾瑞克森的理論是自我認同理論，固然他認爲貫穿人格發展的八大階段都要面對不同的自我認同課題，而青春期是自我認同最重要的時期。從母親的聲聲呼喚中，認同了自己的名字開始，隨著各階段的發展逐漸認同自己的能力、自主、自動、勤勉……。直到青春期，將這一切的特質統整在一起，可以清楚告訴自己及別人：我是誰，我的能力、興趣與個性。

在這階段同儕幾乎是生活的重心，前面幾個階段發展的信任、自主、主動、勤勉在這個時期要在同儕中得到證實，吻合了便會產生強烈而穩定的自我認同，認識自己的性格、才能與興趣，因而發展出自我的獨特性。反之，自我認識與同儕對他的認識常有衝突、就會造成角色混淆。

此時除了同儕之外，流行、名牌、偶像、新奇的事物等也都是尋找自我認同的媒介，年輕人充滿了活力，嘗試著各種新奇的事物、髮型、穿著等，追求自己喜愛的偶像、追求時尚潮流……等，試著從各種不同的角色中找到自己。這是一個必然要發生的現象，父母不但不要禁止，更可以與他們談談他們的探索經驗。

在交友和活動當中，探索與肯定自我身份

這時期同儕互動是最重要的，當他再次整理自己的生命經驗，再次體驗「我存在」的真

實，認識自己在家庭、學校或社會中的身份，感覺自己的舉足輕重，開始以個人的獨特性在同儕之間受歡迎、被認同、被接受。這時同儕一起做事、共度愉快的時光、聊聊彼此的興趣和夢想。在同儕互動中，看到自己的看法與別人對自己的看法有相同點，是非常愉快的經驗。對於發展自我價值的孩子來說，同儕的話語比父母的影響力更大，所以父母要鼓勵孩子想出更多同儕中可以一起做的事，和想聊的話題。

如艾瑞克森所說：「主觀來說，自我認同是一種自我同化與自我統合的眞實察覺，以及體認自身對他人的意義」，所以自我認同是非常個人的，也非常個別化的，是自己要去體認的，別人幫不上忙。艾瑞克森相信，如果父母能夠放手，充分讓孩子出去探索，他們的自我認同就能穩定而整合，如果父母爲符合自己的想望持續向他們施壓、管教，或禁止他們出去與同儕互動，則青少年會面臨角色的混亂。

要獲得自我認同，必須要有很多機會去嘗試各種角色和不同的生活型態，要有足夠的自由去做選擇、做決定和負起自己的責任。當他們能把身體現況、第二特徵、以往經驗、社會期待、現實環境、未來展望都統合成一個完整而和諧的結構時，就不再是困惑、迷惘或徬徨。

但如果在急於追求認同的過程中，嘗試了太多的角色，或是因爲童年未達成的任務，而急於利用各種角色向外實現，會因而喪失一個可以讓自己在其中綜合處理自身能量的環境。

整合不當的話，無法取得自我認同，角色模糊的情況越嚴重，孤立、空虛的感覺也越增強，不小心就會以名利、地位、權力等的追逐，甚或更激烈、猖狂地以暴力、飆車、吸毒、性氾濫等來獲得自身身分地位的自我認同與被認同。

青春風暴源於在找自己，寬容與支持最爲寶貴

在心理學上有一個名詞：懸宕期（psychosocial moratorium），意思是在這段時間裡，他們不必馬上決定自己到底是誰，或將來想要成爲怎樣的人。這個「懸宕期」的發現，可說是艾瑞克森自己的生命體驗。在他自己進入心理學領域之前，也在歐洲懸宕、探索，尋尋覓覓將近十年。艾瑞克森在探索時，雖然繼父不贊成，認爲他在浪費時間，還好有母親的全力支持與寬容。

創造力理論稱此為「醞釀期」，艾瑞克森自己的生命體驗，讓我們領會到在獲得「身分認定」的過程中需要「創造力」，這個遊蕩、探索、懸宕或醞釀的時間裡，青年人需要創造力來面對自身的「認同危機」，而這時候，成人及社會需要給予足夠支持與鼓勵、寬容與等待及適時的陪伴，讓他們有勇氣去探索，去嘗試，而不是無謂的要求、嚴苛與逼迫。

我們形容青少年正處於狂飆期或反抗期，因為這個時期他們在生理上、心理上都有很激烈的變化，生活與行為都出現許多成人無法理解的狂暴與衝動，青少年的衝動或反抗是進行自我「內在調適」的反應，是在找出自己的路。這是一個青黃不接的時期，從兒童過渡到成人的時期。此時會出現一些狀況：熱切表現大人行為、不喜歡別人說他是小孩、在意自己的身材、試圖贏得朋友的讚賞、非常在意別人的看法、喜歡和朋友一樣、興趣廣泛卻不精通⋯⋯。

在他們不再是兒童，又還沒有成為真正的成人之前，那種內在的不穩定性，讓他們覺得每件事都很糟、過度迷信別人的看法，或另一極端，不在乎別人的看法。在這一段探索的時間裡，要容忍自己亂糟糟，要相信終有一天這一切都會過去，而父母與師長必須給予他們需要的寬容、支持、耐心、關懷、時間以及學習的機會。

3個通過青春期考驗的生命能量

要通過這個戲劇性變化的狂飆期，有幾個關鍵性的事件要處理：

1. 離家：離家是成長的「關鍵」、是獨立的動力、是成為成人的宣告。也許你一直都住在家裡，但在心理上你必須眞正的離開家庭，才能成為眞正獨立的個體。此時期的青少年急著要找到立足於成人世界的「位置」，試圖宣告自己的獨立性，有時會採取緊張、對立，甚或公開反叛父母和老師的形式推進。其次，在力爭獨立的同時，仍有感情上的依賴，在渴望獨立的同時，對家的安全保障仍然依依不捨，這個搖來擺去的情況，必須在意識到自己可以放心地離家的那一刻，才能去除。

2. 夢想：為了成長，需留有空間來培養自己的夢想。「想像」是展現創造性和天賦才能的內在能量，它們將隨著人格越來越成熟，而開花結果，展現一個人眞正的性格、能力與興趣。夢想說多了就成眞，不必害怕築夢，但築夢的參照値是前面四個階段的特質，上面階段發展得良好，此時築夢才會踏實，但無論如何勇敢做夢是必須的。

3. 性幻想：性是人類存在的生物性能量，此一能量表現在人的相互依存上，成為心理能量，就叫做「愛」。性反應在幼年和童年尚未分化出來，在青少年時期，隨著第二性徵的發展，開始變得更集中於生物能量上，所以性感、性慾、性幻想以及性圖像，是青少年朝向成熟時必要的過程與自然現象，對性懷疑、畏懼的態度無助於性心理的整合。性本身並非是一種罪惡，而是因爲我們採取一種把持、僭越的態度，把性變成玩物才是罪惡。其實當我們讓性幻想在心中不斷再現，尤其這些畫面刻意經過人爲助長的話，這是一種訊號，表明心理上、情感上和靈性上的病態。

自我探索時間

探索① 從艾瑞克森的故事，你如何看自己的青春歲月？

探索② 回憶曾經有過的偶像、夢想，試圖從中找到自己的影子。

探索③ 聽我講故事

說自己的故事是確立自己身分最具體的方法，說說自己值得驕傲的事、青澀年華的挑戰等。找個好朋友，聆聽彼此的生命故事，感受生命內在力量，並適時給予積極表白（可參考學齡期的積極表白）。

探索④ 修補消極經驗

「還好我……」想起一個消極事件，就去找到積極面。它是一種寬恕和治癒。

探索⑤ 離家儀式（冥想）

1. 閉上眼睛，把注意力放在呼吸上，做幾個深呼吸，讓自己放鬆下來。
2. 想像你來到了非常熟悉的家門口……（感覺一下）
3. 輕輕地推開門，慢慢走入，慢慢環視、輕輕觸摸任何你想觸摸的東西
4. 想起年輕的你……，當時家的環境……，與家人互動的情況……，大部分的時間你在做什麼……
5. 想起學齡時期的你……，做功課的情形……
6. 想起幼兒時期的你……，你穿什麼衣服……，你常常玩著甚麼遊戲……
7. 想像嬰兒時期的你……，誰常常在懷抱著你……
8. 現在看著嬰兒的你變成幼兒……，變成學生……，變成青少年……
9. 現在你與青少年的你並肩站著，看著你的父母……告訴他們：你要離家了……
10. 告訴他們：在我的成長過程中，你們已經盡了最大的努力……，我受過的傷痛，我都願意原諒……
11. 告訴他們：現在我要當我自己的父母……，我可以照顧我自己……，我可以妥善地

作自己的決定，我要對我自己負責任了。

12. 向他們揮揮手……，看著你的父母、家人、熟悉的房子漸漸走遠……，變小……直到在你的視線消失

13. 現在轉過身來……面向前方……，迎向你的是寬廣的一片天地……，一群可以並肩作戰的死黨好友……，還有那個已經長大成人，足夠照顧內在小孩的你。

14. 現在內在是一個豐富的感覺、幸福的感覺……，已是一位大人的自信……，做幾個深呼吸……，慢慢回到現場來。

探索⑥ 在家擁有你獨立的空間

如果你還住在家裡，準備好與家人討論有關自己想要擁有的私人物品、獨處時間及私領域。

學員分享時間

一、從艾瑞克森的故事，你如何看自己的青春歲月？

學員A 回想我整個念書歲月都不快樂，因為我的成績不好，念書很有壓力，爸媽雖然不逼我，但也整天提醒我要念書，真讓我快樂不起來。青春期就這樣平平地過來了，似乎是踏著家庭、社會認可的軌跡過來了，好像沒有艾瑞克森青春期的探索經驗。

學員B 在升學壓力之下，好不容易考上大學，就狠狠地玩四年，現在回想，真是玩得很快樂嗎？其實也不盡然。內心深處似乎有種莫名的惆悵，還是繼續不喜歡念書，越接近畢業，就越懷疑自己將來到底要做甚麼？但畢業、工作、結婚、養兒育女……好像就是不假思索的節奏，沒有讓我猶豫的時間和空間。直到中年才開始思索我到底所為何來？渴望追尋真正的自我。停下忙碌的腳步，上一些心理成長的課程，此時才真正感受到活出自己的快樂。

學員C 回憶我的青春期感覺是憂鬱的，為甚麼不快樂，也說不上來。喜歡讀書嗎？喜歡玩嗎？喜歡上教堂嗎？似乎只是被一隻無形的手推著走，過著沒有自己的日子。從艾瑞克森的例子及他的理論，我想當時我是在找尋自己的定位，但我卻沒有像他一樣有出去闖盪的機會與勇氣。

學員D 看了艾瑞克森的青春故事，才了解我青春期的叛逆其實是在找尋自我認同，我有個非常叛逆 的青春期，自己出外闖蕩，讓家人傷透腦筋，也讓媽媽擔心不已。直到年齡稍長，生活回到正軌，才讓家人放下了心。現在回想，這些闖蕩的經歷其實並沒有白費，由於曾有這些經歷，才造就了今天的我，讓我更認識自己，找到了自我認同。

二、回憶曾經有過的偶像、夢想，試圖從中找到自己的影子。

學員A　我的偶像是奧黛麗赫本，因為她的美麗與優雅，更因為她的愛心，從她的愛心找到了我的特質。

學員B　不知為什麼我在初中的時候會收集與孤兒院相關的簡報，我記得我曾跟爸爸說，我將來要蓋一個孤兒院。其實我後來也把孤兒院的事情忘記了。不過我會選擇念特殊教育，從事教養院工作，想必與小時候的夢想有關。

學員C　我的偶像是王菲，她很能做自己，有自己的個性，講話很實在，不因是公眾人物而做作。從她身上我可以看到我自己的個性。

學員D　我的偶像是印度德勒撒修女，我因為看了她的傳記，轉而去做服務人的工作。她講了一句話：「我們必須在愛中成長，為此我們必須不停地去愛，去給予，直至成傷。」這是我每天勉勵自己的話。

三. 聽我講生命故事：（略）

四. 修補消極經驗：「還好我……」

學員A 經歷了一件蠢事，還好我當機立斷，遠離家鄉重新開始，才有今天的我。

學員B 經歷公司關門而失業，還好我下定決心，拿了失業補助金去上課，拿到照服員證照，才讓我今天因為有一技之長，而自信滿滿。

學員C 我也是因為公司關門而失業，還好我當時決定去學英文，後來輕易地就能找到貿易公司，反而比以前更好，對自己也更有自信。

學員D 還好我選擇了目前這個工作，雖然當初因為薪水不多有點猶豫，但這個工作讓我的環境變單純，心情穩定愉快，真值得。

學員E 我也是因為失業而去唸研究所，還好我讀了社工，轉入社會福利機構，現在的工作如魚得水，勝任愉快，整個人都活躍起來，很有價值感與使命感。

學員F　還好我有了信仰，讓我學會在人生遇到考驗時，靜心等待，靜候天主的安排，不會再像以前亂闖亂衝。

六、離家儀式：（略）

從學員分享中發現，大部分人與原生家庭並沒有太多的糾結，離家為大多數人並不太困難。也有幾個學員應用了這個離家儀式的冥想，而確認了自己已是一個大人的事實，意識到必須自己負起責任，不再想依賴別人或是責怪自己。

第七章

青春期——被他人吸引，並在親密關係中發展忠誠

從找到「我是誰」到「我們是誰」，
一個有明確自我認同的人，
能夠確切、自信地肯定自己，進而肯定別人。
從外在到內心，從迷戀到真愛，
親密關係一輩子都可以重修，
你總是會更成熟的！

青春期除了自我認同之外，還有一個非常重要的任務是發展親密的情感關係。也就是說年輕人要從自我認同到親密關係，要從找到「我是誰」到「我們是誰」。一個不能自我認同的人，無法與人發展親密關係；一個有明確自我認同的人，能夠確切、自信地肯定自己，進而肯定別人。因此一個不能自我認同的人無法肯定別人，也無法與人建立親密關係。

時下常將親密指向肉體的行爲，親密的眞正意義更是心靈的：親切、自然、溫暖、關懷、開放、分享、收受得宜、願意幫助別人，也接受別人幫助。

心動的感覺，開始爲戀愛交友打基礎

親密從肯定開始，對生命由衷的肯定，看到對方的美善而受感動、被吸引，而去欣賞他（她）的美善、肯定他（她）的美善。這個肯定牽引出對方更多的美善與天賦來，也藉此深刻的互動牽引出自己的美善與天賦，因此親密使雙方互爲禮物，豐富彼此的生命。眞摯、深刻的情感關係讓人生充滿喜悅與活力，所以沒有親密的感情關係，不可能完全成長，享有圓滿人生。

親密是幸福婚姻的黏著劑，美國做了調查，300對夫婦中，不到10%的人認爲性關係是維繫婚姻的要素。維繫婚姻的要素，第一名是另一半是我的好朋友，第二名是我喜歡我的另一半，第三名則是婚姻爲彼此永久的承諾，這都建基在兩人親密情感的關係上。

如果夫妻能親密的彼此分享，他們的孩子也會在親密中成長。所以夫妻應該在孩子面前表達親密，例如：每天分享資訊、工作與感受，慶祝特殊的日子，全家一起出遊……等。人不但可以在親密的關係中成長與蛻變，還能療癒創傷，減少許多婚姻及人際衝突。親密關係包涵與家人、朋友、社團，甚或理想、志業。擁有親密感的人，較不會有不良嗜好或不當行爲，身體比較健康，也比較能積極面對生活的挑戰。

青春期是邁向情感成熟的重要階段。在享受成熟的情感關係之前，一個人首要的是認識自己、發現自己的優缺點、自己眞正的需要及自己的生命節奏，學習獨立、負責，培養興趣，才能進而學習與人溝通、與人建立眞正的親密關係，透過融洽的關係和深度的分享來表達親密。這些都是結婚前該做的事，好好培養對情感關係的正確觀念，不能操之過急地產生情侶關係（排外的兩人關係），甚或太早進入婚姻，成為額外負擔。

由於青少年情緒及人格發展仍不穩定，個人激烈的情緒容易導致在人際交往中，情感關係的起伏不定。出現情感關係的困擾，特別是失戀或好朋友分手所導致的壓力和衝擊，容易打擊青少年，不但產生失落感與憂鬱情緒，攪亂了生活步調，對人際交往失去信心，更嚴重的，可能造成身、心症狀。

青少年的思想與人格也都尚未成熟定型，可能在思慮不周，或被誤導與引誘的狀況下，誤入歧途。學習尊重自己、尊重他人，學習對兩性交往的正確態度，且能坦然面對分手結果，是此時期非常重要的功課。

從性覺醒學習面對生理與情感需求

青春期是人在一生當中，身心變化最劇烈的時期，隨著第二性徵的發展，會有性幻想、性需求，這是自然的現象，將性幻想和道德觀牽扯在一起是不必要的，不需要對自己的性幻想有太強烈的罪惡感和羞恥感。成人對青春期孩子的性教育常聚焦在「性衝動的控制」、「安全性行爲」的教導。其實，除了生理的性知識，孩子更需要的是學會如何尊重生命與情感的教育，不要傷害自己或別人。

「身體意象」的教導，在這個時期也是相當重要的，青春期是開始愛美的年紀，孩子很在意自己高矮、胖瘦，會花很多時間在打理自己的外表上，也在意別人對自己的品頭論足。在喜歡別人之前，要先愛自己，年輕人要先喜歡自己的樣子，也就是先和自己的身體建立親密關係，與自己的身體融洽相處，才能夠愉悅、自信地與別人建立情感關係。

喜歡與迷戀的界線難題，自此踏入親密關係這門科系

情緒與感受有不同的層次，不同的深度及廣度，要學會分辨：

「崇拜」是景仰和佩服某人的能力與成就，是一種單方面的感受，對象常是長者、有地位者、名人、偶像等。

「欣賞」是被某人的某些特質所吸引，也是一種單方面的感受，談不上交往。

「喜歡」是感覺與某人興趣相投、個性相似，而對他有好的評價，願意與他交往。

「愛情」則是對某人產生思念、關懷，或渴望親密接觸的感受。

愛情是雙方的，也是排他的，是由彼此的欣賞與喜歡慢慢開始。一見鍾情、一拍即合的情況也許會發生，但不能執著於這種迷戀，必須用時間來培養出彼此認識、欣賞、喜歡，才不會發生「因相愛而結合，因了解而分開 的憾事。

當我們開始欣賞某人的特質後，會產生喜歡的感受，開始希望與對方來往，會找機會靠近、與其互動、分享想法與感受。不論崇拜、欣賞或是喜歡都不見得有專一性，但大多能明確地表述自己的感受。當我們除了分享，也想爲他付出；除了親近，更想有多些親密；除了平等互惠，也多了一些依附和佔有的想法；除了欣賞對方的優點之外，對於缺點與弱點也能包容和接納，這就是更深切的愛情了。愛情含有生理上的激情、心理上的親密以及關係上的承諾。

有時那受吸引的感受，說不上原因，也無法表述，這些一時無法釐清的感受，更應該花較多的時間，透過相處、溝通、互動、分享，確認自己的情感，才能發展出眞正的親密關係，在其中獲得滿足與成長。

所以還在情感關係中摸索、正邁向成熟的年輕人，有一對成熟、健康的夫婦朋友是重要的，也是很有幫助的。不但可以從健康的一對夫婦朋友汲取健康的思想、理念、感受與行爲，也可以向他們請教，指引走出迷津，減少自己摸索的時間，避免誤入歧途的可能性。

自我探索時間

探索① 回想我的青春歲月：回想美好事件可以讓目前的自己更充滿活力，回想傷痛經驗可以讓自己以現在成人的能量轉化它。

1. 回憶一件我最美好的記憶，對我的意義，到現在一直受影響嗎？我如何更善用這個美好的記憶？

2. 回憶一件我最傷痛的記憶，對我的傷害是什麼？到現在我仍一直受影響嗎？我如何轉化這個傷痛的記憶？

探索② 我對自己的「身體意象」

1. 青春年少時我怎樣看自己？高矮、胖瘦、美醜……

2. 對我的影響是什麼？

3. 現在我如何看待自己？

探索③ 肯定自己

若要與人建立親密關係，先要肯定他人，肯定他人必須先看到自身的美善。

1. 對人說說：我是誰，我的個性、才能與興趣

2. 講完之後我的感覺

3. 請聽的人給予回饋

探索④ 肯定別人

肯定別人是與人建立親密情感的基石，肯定別人從日常微小的事物上流露出來：一個自然的微笑、溫暖的擁抱、關懷的眼光、舉手之勞等。簡單的行動就能創造親密的關係。

1. 對什麼樣的人我比較容易去肯定？

2. 我較常用的肯定方式是什麼？

3. 碰到比較難以表達肯定的人會怎麼做？

學員分享時間

一、回想我的青春歲月：（略）

二、我自己的「身體意象」：

學員A 我身體有個缺陷，從小就很自卑，到了青春期更嚴重，長大後生活美滿、工作順利、也有一群知心好友，漸漸不再太注意自己的缺陷。

學員B 兄弟姊妹都長得矮，只有我特別高，鄰居和同學都笑我突變，曾經因為自己長得高，而不喜歡自己，不過長大後，這對我似乎也沒太大影響。

學員C 初中畢業念夜間部，白天工作，有一天跟著大家去燙了頭髮，回家被爸爸追著打，當時真的很愛美，跟著同事學著打扮、化妝，但必須在下課之後恢復原狀，才敢回家。也許是青春期的壓抑，出了社會之後，為了打扮自己一點都不手軟，我也以打扮自己為樂，引以自豪。

學員D 我成長在一個很保守的家庭，一直沒有太刻意裝扮自己，對自己的身體意象也沒甚麼特殊的記憶，不過我很喜歡收集美女的照片，欣賞她們的美，她們的裝扮、髮型與服飾。

學員E 青春期的時候，有人說我很像潘迎紫，這讓我覺得很得意，覺得自己很漂亮，於是我開始注意潘迎紫的穿著，學著她打扮自己，我想這對我自己的身體意象有很正面的影響，應該也影響了我的生活與人格特質。

學員F 我一直很喜歡買一些髮飾、項鍊、戒指等，常被媽媽罵，我只好偷偷買、偷偷戴、偷偷把玩。其實我並不太欣賞自己的長相，有一天聽到一句話：「醜人多作怪。」我就不敢再戴那些東西了。雖然我曾經不喜歡自己的長相，但現在我並不太在意，也不太注意自己的打扮，穿著都很隨便。

學員G 青春期我很刻意地把自己裝扮得醜醜的，不喜歡人家說我漂亮，覺得說我漂亮的人是對我有什麼企圖，其實由於我小時候曾經被性騷擾。直到現在我的打扮都很中性，舉止也很沒有女人味，我一直不敢跟男人接近，與女性朋友也不會很深交，可是心裡總有一種孤獨感，也在找尋歸屬感，希望我能慢慢突破心魔，坦然活出自我。

三、肯定自己

學員A 當我說我是誰的時候，感覺說我的個性與興趣會比較自在，比較肯定，說起來也很愉悅，很得意。說自己的能力時則有點不好意思，有點猶豫，但是當我從對方的回饋感受到肯定時，也比較欣賞自己有的能力。這個分享也更會激勵了對方分享自己，那一次的談話非常舒暢，感覺兩人的感情更好了。

學員B 現在我每做好一件事，就給自己一個肯定，告訴自己：我有能力。我在辦公室常抱怨無聊、沒意義、很煩、別人總是找我碴等等。現在這些消極的話已經很少出現，做起事來更積極，也更快樂了。

學員C 我把我自己的能力一一列出，盡量不遺漏任何一個小能力，感覺很不錯。

四、肯定別人

學員A 我們社區巴士拋錨，大家自動幾個人一起搭計程車，我是最後一個下車的人，於是我說：「你們每人給我50元就好，不足的最後我出。」沒想到第一個下車的人居然連那不足的部分都先給了我。我感受到我們先釋出善意，就會回收善意。肯定別人也是一樣。

學員B 上了課之後，我刻意給媽媽肯定，很誇大地讚美她，把以前的事情拿出來讚美她，媽媽好開心，我感覺更踏實，與媽媽更加親密。

學員C 以前肯定別人總覺得不自然，很刻意，好像別人也覺得不自然。現在的收穫是：為了肯定別人，我變得更敏於觀察。肯定別人，讓別人開心、自己也開心，別人對我的肯定給予回饋，更讓我開心。肯定別人，也激勵別人肯定自己。肯定別人使我常常處於美好的人、地、事物中。

學員D 對不喜歡的人實在很難給予肯定，我就試著對她微笑。幾次之後，感覺不再那麼格格不入，目前還不能很自然地給予肯定，但比較會打招呼，需要時可以給予幫助。希望有朝一日，可以大方地給予肯定。

學員E 我找了好多人來做練習，我對攤商、計程車司機、讓路的陌生人說謝謝，對擦肩而過的老人、小孩微笑、適時講句讚美的話，刻意對家人、同事、長官說：謝謝，我發現這樣做不但對方感覺愉快，自己也很快樂。感覺日子過得比以前輕鬆，比較不會抱怨，看事情也比較正向。

第八章

成年期——創造與付出

成年期10年在學習當大人，
壯年期的20年從爲他人付出、自我超越，
而獲得滿足與開心。
你可能正在這兩個階段，
兩個最重要的練習是——
敘述你的正向回憶、對一切懷抱感恩。

艾瑞克森將成人分爲成年期及壯年期，成人不只指身體成熟，更包括心理、情緒、人際互動等都達到一定程度的穩定與和諧。此時成熟的成人能夠用積極肯定的方式，反思舊有的父母規則，並按照自己的學習與經驗，充分地爲自己的成長茁壯負責。成人已是一個穩定而自我認同確切的個體，對食物、運動、休閒、交友和政治等方面，都有相對穩定的偏好，也清楚知道自己的性格、態度與能力，並有個人的價値觀、道德觀與意識形態。

成年期學做大人，壯年期扛起責任並懂得犧牲

成年期（約24～35歲）延續青春期的情感發展：有穩固的性別歸類，表現出與所處環境吻合的性別行爲和打扮，選擇伴侶、準備步入婚姻，學習度一個和諧的婚姻與家庭生活，學習養兒育女，並開始選擇一份穩定的工作，維持個人在社會中的經濟地位，負起社會公民的責任。

壯年期（約35～65歲）是自我實踐的時期，是創造、生產的時期，一個成熟的壯年人在這階段會滿懷熱情與無私奉獻的愛，由關心自身轉變爲關心下一代，爲年輕人樹立典範，爲

家庭、爲下一代、爲自己的事業、理想付出，必要時可以對自身的喜好做出讓步，可以爲扛起責任而放棄部分個人自由，可以對愛情做出許諾，並攜手度過一生。

壯年期已經能對家庭、事業或社會做出有意義而影響深遠的貢獻，我們說中年是家庭、社會、國家的中流砥柱，就是這個意思。壯年人可以藉由工作、創造、生產對家庭、社會、國家的穩定、經濟的發展付出與貢獻，藉由傳承、支持、引導、提攜、照顧……等等，爲下一代展現典範。

就因爲工作辛苦，更意識到人生要活得有意義

在這自我實現的時期，工作是生活的重心，壯年人一定要在工作中肯定自己的才能與成就，也要看工作是付出與貢獻的機會。如果能有一份符合自己能力、性格與興趣的工作，能夠樂在工作，是很幸運、很幸福的；如果不能，無奈地工作只是爲了養家活口，那麼自己必須在工作之餘找到一個讓自己做起來很快樂的興趣，即便是休閒、娛樂或志工都好，就是找

個讓自己體會到價值與意義的事情做，否則一個人會逐漸失去生活的熱情與活力。

付出與關愛是一體兩面，沒有關愛無法付出，所以在付出之前需要有親密的人際關係。一個不會關愛、不能付出的成年人注定要停滯不前，原地踏步，不但喪失這個年紀對生命的貢獻，更使自己的生命空洞，找不到活下去的意義，以致逐漸頹廢。一個不懂得付出的成人，一定是在成長的某個階段中被卡住了，無法發展，年齡徒增，心智卻沒跟上腳步。還好，艾瑞克森說：不管在哪個階段，都可以修復以前的創傷，端看個人如何努力了。

不得不佩服中國字的智慧：「關心他人」才能「使自己開心」！所以此時的任務就是：關心與付出。要關心自己，讓自己不斷學習、不斷成長，感受到自己內心的豐富性；也要關心他人，提攜、支持、引導、照顧……，讓他人跟自己一樣活出豐富的人生。成人不只要傳宗接代，更要成爲典範，將自己的理念、價值、知識和技能傳給下一代。成爲良師益友是一種傳承，寫書、演講亦是，這是沒有子女的人傳承生命的方式。

中年好好整合生命歷程，才能順利爲下一個高峰布局

我們常聽說「中年危機」，成年人是最憂鬱的一個族群。蠟燭兩頭燒，要面對工作、家庭、個人健康、朋友與休閒等的各種挑戰，還要在其間取得平衡。在這自我實現的時期，如果「自我評估」不甚滿意，對自己的表現懊惱不已，情緒開始低落，就可能引發中年危機。研究指出只有15%到20%的中年人會產生中年危機，他們多半是因爲前面幾個人生階段沒有得到和諧發展，到了中年階段負面症狀就更加明顯。

大部份人到了中年，都會修正自己的理想，降低自己的水準，接受體力減退的事實，跟現實生活妥協，改變工作環境，調整夫妻及親子關係等，使中年危機安然度過。

中年人要在順境中，學會轉舵：更深地認識自己，調整價值觀，有歸零的能力，爲下一個高峰布局。如在逆境中，則要學會面對內心深處的自卑，認識憂鬱症，找尋醫治與轉化的能量，培養正面思考的態度與技巧，接受現實的自己與環境。

自我探索時間

探索① 我的新能量表

靜下心來，回想經過這一段時間的努力之後，我擁有了哪些新能量，一一列出現在的新能量表，例如：我更有能力表達自己，完成一件我一直很想做的事，我能夠請求寬恕，或我決定去買部車……等。

探索② 冥想正面能量

用冥想的方法，用你目前的正能量，自信地告訴嬰兒期（幼兒期、兒童期）的你，例如：我更自信，也更信任別人。

探索③ 大聲說出自己的好

對大家說我自己有多好，想要得到信心的唯一方法，是透過語言不斷重複。

探索④ 敘述你的正向回憶

心理學敘事治療理論說：人在述說自己的生命故事時，會修正自己的記憶，越說越正面，所以在這壯年期，面對生活壓力之餘，要有述說自己生命故事的機會。刻意找人分享你的生命故事，只談自己愉快的經驗。敘述時注意自己的心情感受，講完故事之後，要重溫當時的愉悅心情。

探索⑤ 表達關心

網路上看到一則故事：醫學院的醫學倫理學期末考，老師出了一道題：「學生餐廳那位清潔工的名字是？」學生舉手發問：這道題要計分嗎？老師說：「當然要，以後你們的醫療生涯遇到的每一個人都是重要的，值得你們去關心和了解。」

我們在生活中遇到的每一個人都不是偶然，都值得我們去關心和了解。下列幾個表達關心的方法。近期找機會去練習，並寫下心得在筆記欄。

1. 從我們自己得到治癒的地方（過來人）伸出援手
2. 從我們所愛的人著手
3. 主動關心身邊的人，憐憫可憐的人
4. 輔導他人發展潛能

探索⑥ 表達感恩

讓感恩成為你成人的人格特質！回憶過去的恩典，恩典無關大小，與深度有關，你越練習感恩，感恩之情越來越深，生命就更豐富滿盈。感恩清單：太陽、空氣、水、花草樹木、飲食無虞、家人平安、購物順利、為人服務……。

探索⑦ 對自己感恩

對著鏡子說：謝謝你。會感恩自己，就不會苛責自己的錯誤，反能從錯誤中學習。不批評自己的人才能從自己的不完美中，看到正面的自己，進而不批評別人，接納別人的不完美。使自己成為快樂的人，就能吸引更多快樂的人、事、物。

探索⑧ 列出我的5W付出清單

成人的生命如果不懂得付出，就無法活出意義，所以應刻意尋找付出的機會。5W是做決策時常用的方法，也可以用在付出的練習上，給大家做參考，並不一定每次五個W都用到。何時（when）、何處（where）、為誰（who）、做甚麼（what）、怎麼做（how）。用5W不斷問自己：我可以付出什麼？貢獻什麼？

舉例：用餐時，在餐廳，帶著一位失智老人，一起去打菜。

學員分享時間

一、我的新能量：

學員A　我一直有個很大的夢想，又常覺得不容易完成，如今我竟然想到可以將夢想縮小，我感受到我有一股能量，可以用具體的行動完成一個小小的夢想，也許有一天我的大夢想就完成了。

學員B　以前有問題就急於解決，現在我學會與問題共處，不急於處理它。我覺得我有一個新能量，就是將問題放下，先累積自己的正能量。這一個改變讓我覺得生活更從容自在。

學員C　我有的新能量就是不再在意別人的看法，以前我不太容易與人分享自己，因為我太在意別人如何看我。我現在可以自由分享自己，如果有人接納我，我就放心地與他分享。現在的我開心多了，連父母都看得出來我開心多了。

學員D 重新與人連結是我的新能量，以前一直掛念著別人的一些需要，但都覺得心有餘而力不足。現在覺得自己充實多了，內在有一股能量可以付出，可以給予關懷和支持，於是我開始主動與一些人聚聚、聊聊，適時給予一些幫忙，感覺很充實。

學員E 我現在可以跟人分享我的小時候，以前的傷痛放在心裡好久好久，為了勇敢面對過去的傷痛，我刻意去找人分享。為了練習，還故意多次分享，這個突破是這次上課得來的新能量，讓我覺得釋放了自己。

學員F 我們姊妹兩人本來情感很好，最近因為一些事情而有了嫌隙，但我發現我有了一個新能量，就是比較能分辨情緒，也比較願意去同理對方、了解對方，於是我主動去找姊姊談事情，不一定要說：對不起！但我的新能量，可以讓我更快地化解僵局。

學員G 這次的課程我很有感的兩個主題：「操控與被操控」及「離家儀式」，我一直認為我是一個顧全大局的人，不會有人看到我生氣、罵人、拒絕別人，或與人爭執。即使發生一些不愉快，再怎麼難過，我也總是主動化解僵局、安撫對方情緒。這兩個主題讓我意識到我的問題在哪裡？下定決心要做我自己，我不再忍氣吞聲，要適時勇敢表達我的心情與感受，為我自己爭取自己的立場。

學員I 我准許自己處在情緒當中，陪伴情緒，等待情緒過去，不必急於化解情緒，不必為自己的情緒感到不安。這是我最大的突破。

二.冥想正面能量：（略）

三.大聲說出自己的好：（在此將故事省略，只分享心得）

學員A 剛開始要刻意說出自己的好，有點不好意思，越練習就越習慣，我發現我比以前更容易看見自己的好。

學員B　刻意找一個好朋友，說出我自己的好，她也幫我補充不少，這個練習讓我發現其實我也是很不錯的。

學員C　我沒有找人說，只是自己寫下來，我發現我越寫越多，連芝麻小事都寫，越寫越快樂，停不下來。再回顧時，感覺自己真的很不錯，充滿了信心，也覺得未來充滿了希望。

四．敘述你的正向回憶

學員A　當老師邀請我們每人都要說一個正向的生命故事時，我有點不知要說什麼？可是大家都分享得很高興，我也感染了這個越說越愉快的氣氛。想出一個故事，說完之後，的確是增加了對自己的肯定。

學員B　當我向朋友述說我的生命故事時，有點放不開，有點擔心她會不會覺得我太高捧自己了？但我想我是在練習，就大膽地講，也請她回饋，其實她的回饋更增加了我對自己的肯定。

學員C 為了做這個練習，我將自己的生命回顧了一輪，從小到大，寫下了好幾個故事，才發現整個生命有太多值得感謝的。於是我給自己的生命用了一個標題：「我生命中的許多偶然」我要表達的是：在看似偶然的每一個故事中，都有上主的美好安排，都有祂滿滿的祝福與恩典。

學員D 老師一再強調：要用正面去看自己的生命故事。我在每一個回憶中，都努力找出積極正面的點滴來。我發現自己平常太強調負面因素了，現在才發現這一點都不能幫助我，反而讓我更不快樂。從今以後，我一定要用積極正面來看我自己，再怎麼不如意的事情，我都要努力找到正面的意義。

五、表達關心：（略）

六、表達感恩

學員A　感謝政府讓我在平安、安定中生活。

學員B　感謝衝突讓我更進步。

學員C　感謝噪音劃破寧靜，讓我意識到自己依然存在。

學員D　感謝科技讓我可以知道遙遠世界發生的事，以及與遙遠的人連結。

學員E　感謝我所遇到的每個人：爸媽、哥嫂、侄子、朋友、同事等……豐富了我的生命。

學員F　感謝太陽、空氣、水讓我得以生存。

學員G　感謝我有足夠的錢用。感謝我的機車讓我每天平安出門和回家。

學員H　感謝我服務的老人都笑容可掬，讓我在輕鬆的氣氛中工作。

學員I　感謝紙筆，讓我寫下感恩日記。

七．對自己感恩

學員A 感謝我有工作能力，成為一個有用的人，為家庭、社會盡一份心。

學員B 感謝自己的好脾氣，讓自己不會被氣到心情不好。

學員C 感謝我的傻氣，所以凡事不計較。

學員D 感謝自己能放過傷害過我的人。

學員E 感謝自己大而化之的個性，讓很多事情都能很快成為過眼雲煙。

學員F 感謝我的頭髮，讓我可以每天變換髮型、變換心情，自得其樂。

學員G 感謝我的身體到現在還很健康，不必每天吃藥。

學員H 感謝自己有顆柔順的心，願意傾聽別人，傾聽天主。

學員I 感謝我的老花，讓我警惕自己不要沉溺於網路世界。

八．列出我的付出清單：（略）

慧娟老師的回應

1. 相信大家都感受到這次分享感恩的氛圍，當大家說出感恩別人、感恩自己的時候，我們彼此都受到感染，每個人都充滿了喜樂，笑得很開心，越說越多。我們還發現：我們越在小事情上感恩，就越能發現很多可以感恩的事情。實在的，一切都是恩典，都是禮物，沒有什麼是理所當然的。如果內心充滿感恩，用感恩的眼光看待一切，我們會在一切事上及自己所處的一切情況中，充滿喜樂、充滿信心，活得越有活力。

2. 付出也是一樣，帶著利他的心態，即便是每天繁瑣的家務事或職場上的作業，帶著為他人服務的心情，似乎做起事來多了一層意義。付出也會讓你看到自己的價值、自己的能力；要記得：自己有的才能給，付出讓我們多增加一些成就感。表達關心，也是付出！

第九章

成人的能量——成為自己的養育者，修補創傷，迎向未來

每個人或多或少從童年經驗受傷，
你如何以成年人的能量，重新建立新的行事規則？
靠的是「整合自己　，
這當中有兩個功課要做——
修正過去的行事規則、轉化創傷爲恩典。
本章提供情緒處理、善用正能量，
藉此改變行爲的練習。

艾瑞克森說在成長的不同階段，各有不同的發展任務，也有發展的危機；但他也相信「幾乎沒有任何創傷不能在日後被治癒。」我們也要堅信：不管在哪個階段，不管碰到什麼危機，而停滯不前，之後都有修復的機會。

心理學家也說：20歲以前的生命可以怪父母，20歲成人以後就要對自己的生命負責了。不管小時候受到甚麼傷害，現在我們都要自己努力成為一個有效能的成人，去面對我們的過去、修補我們的過去。成功的學習經驗，就是增加自信、減少自卑、化解危機、修復傷痛、達到自我發展的不二法門。師長、同事、朋友、社會、環境、文化、習俗等都是學習的對象。

成年期有兩個任務，一是上一章談及的「關愛與付出」，二是下功夫「整合自己」，整合有兩個功課要做：修正過去的行事規則及轉化創傷為恩典，這需要智慧。

沒有任何傷害在日後的成人期不能治癒

其實不難發現，我自己、我的父母、祖父母的行為似乎都如出一轍，研究發現性暴力犯者童年時曾被性侵，酗酒者來自酗酒家庭等等。我們越小越無法掌握自我成長的契機，越受傷的經驗也在我們心裡留下越深的印記，時至今日，當情境類似時，這個過去受傷的經驗即刻被觸發，並以類似的行爲去反應，雖然人地事物可以截然不同。這個可以觸發我們以類似經驗去反應目前情境的經驗，我們稱作「觸發性印記」，我們必須以成人的正能量來修正、更新。

如今我們以成熟大人之姿取得的正能量，可以和童年的痛苦經驗擺在一起，用今天的正能量來建立新的行事規則，建立新的觸發酶，使這些記憶獲得改變，不再以童年不成熟的方式回應眼前的事件。但是在建立新的行事規則、更新觸發酶之前，應先儲備自己的成人能量、不斷累積新的正能量，才能面對、修正、更新我們的過去。

化陰影爲恩典，是成人期獨有的智慧

關愛與付出是壯年期的使命，整合也是壯年期以至老年期要慢慢完成的功課，整合表示接受自己的生命歷程，也接納在我生命歷程中，與我相會的所有人、地、事、物。艾瑞克森所謂的「整合的智慧 ，就是轉化看似負面的事情爲成長的來源，轉化創傷爲恩典。一個人可以發現悲劇人生中潛藏的恩賜，並利用它再次建構生命的意義，這就是整合的智慧。整合的生命使人獲得釋放，使往後人生過得更充實、更愉悅，最後能平靜地迎接死亡。如果無法將不幸的事件視爲成長的來源、不會將創傷視爲恩典，將會對生命絕望。

整合的智慧始於對過去時光的正面回憶，正面回憶是讓我們從過去美好的事件中，再一次經驗被愛及給予愛的時刻，正面回憶也鼓勵我們從創傷經驗中，找到一絲亮光，將創傷作爲成長的墊腳石，而不再是絆腳石；讓創傷不再是創傷，而是恩典。

生命的發展史猶如一條無法切斷任何一顆珠子的珍珠項鍊，再大的瑕疵你都無法剪掉不要，否則其他所有好的、壞的，都將散落一地，再也無法是一條珍珠項鍊。當我們能珍惜過去的任何時光，就能累積出足夠的正能量，去面對歷史的傷痛，走上整合之路，增加我們生命的活力與動力。

成人正能量從貴人、好友來，自己也要不斷整合生命

如果我們深受傷害，不管自己如何努力，往往無濟於事，反而更洩氣，更陷入困境。這時我們需要一位能伸出援手的人，透過他的幫助，使我們找到一條出路，重獲信心，再次產生往上爬的動力。所以在整合過程中，能與一位或數位成熟、積極、有活力的成年人爲友，是非常重要的。

從我們四周成熟的人學習看待人生的態度、汲取正能量的方法、面對挑戰困難的勇氣與信心、從悲劇人生中找到意義的典範。無論如何，成年人能有一群相互關懷、彼此爲伴、同甘共苦的知心好友，是更能積極活出成人正能量的一個很重要關鍵。

下面列出一些成人的正能量：（也許你也有屬於自己的觀點，可以添上。）

1. 你可以有感受：感受無對錯、好壞，世界上沒有一個人可以告訴你：不可以哭、不可以生氣、不可以難過，也沒有一個人可以要求你應該高興、應該感激、應該充滿活力⋯⋯。建立一套表白自己感受的規則，例如表達憤怒是合理的，但打人、尖叫、或破壞東西就不是了。

2.你可以有渴望：尋求渴望的滿足是被容許的，也有其必要。能提出要求是件好事，人生如果少了慾望和需要，難有衝勁與能量。但我們需要分辨渴望是來自受傷小孩的匱乏需求，或來自人性的基本需求。匱乏需求是個無底洞，永遠無法滿足，只能去聆聽、照顧，而基本需求需要獲得滿足，否則無法成長茁壯。

3.面對眞實：大人常用一些謊言來對付一些有問題的事件，例如：夫妻吵架、經商失敗、失業、重病……等，總認爲是爲了小孩的好處，但不眞實的感覺已經在小孩不懂事的心靈刻下深深的烙印。這些訊息讓小孩不再信任自己所聽到、所見到、所知覺到的。信任你今天的成人正能量，准許自己去看、去聽、去品嚐、去觸摸、去探索這個眞實的世界。

4.嬉戲、玩樂是好事：玩耍也是一種表達存在的方式。我們當然不必回到童年蹲在地上丟石子，但劃分出休閒與工作的時間是必要的。隨意走走、找人聊聊、度個假等。年齡不是問題，畢竟擁有嬉戲的心態是美好的。

5.誠實坦然：我們內在的小孩很早就學會了適應環境，以求生存，特別在不正常的家庭中長大時，欺瞞、排斥、逃避、合理化等，都是我們避免不愉快場合的謊言。家庭成員間扮演錯誤的角色，也是一大謊言，例如父代母職、太小就要負擔家庭經濟等很無奈的現象。扭曲事實、不切實際的追求、過於自卑、消極等也都是謊言。用成人的正能量接受並面對現實是重要的。

6. 學習等候，讓需要被延遲滿足：我們發現放在自己盤子裡的食物總比吃下去的多，有時候稍做延遲，會幫助我們澄清，我是否眞的需要？延遲滿足也可增進挫折的容忍力，增加忍受生命中的痛苦與困難的能力。

7. 發展一種平衡的責任感：我們有太多的時候承擔過多的責任，有時又拒絕接受足夠的責任。坦然地面對自己的感受與需要，也知道如何採取行動、如何承擔或拒絕責任，才能做出更長久的承諾。

8. 發展健康的羞恥感：活在怕錯的恐懼裡，會讓人感到如履薄冰，也不敢承擔責任。容許並承認犯錯，可以讓我們更自然眞實，也才能從中記取教訓。

9. 尊重別人的感受與需要：像愛自己、看重自己、接受自己一般地對待別人，容許別人做他自己，別人可以跟我們非常不同，特別是我們的子女。

10. 容許人際間的衝突存在：人際關係中的矛盾與衝突在所難免，若缺少這份包容，衝突就無法化解，親密關係也就不可能存在。

11. 凡事都有新契機：面對問題，你應專注思考：我能做些什麼來應對問題？這比質問誰對誰錯？更有用處。

12. 凡事感恩：感恩是整合的要素，凡對生命越感恩的人，對未來人生也越充滿活力。

13. 從容自在：越來越有彈性，面對生活越會悠閒享受，面對困境也越游刃有餘。

14. 勇於尋求突破：有膽識、有執行力、有專注力、不自我設限、去蕪存菁。生命的能量由每一個小小的驚喜累積而來，因不自我設限，必會帶來驚奇和愉悅。

15. 關注風潮：注意正在發生的人、事、物，關注流行趨勢上的話題，並不表示一定要參與，但關注絕對會帶給你新視野。

自我探索時間

探索① 陪伴情緒：等待讓情緒過去

經歷傷痛時，往往需要一段療傷的時間，不要急於解決問題，先用一段時間察覺情緒、接受情緒。生死學大師 伊莉莎白・庫伯勒・羅絲（Elisabeth Kübler-Ross 1926.7.8-2004.8.24）最先提出悲傷五個階段的理論，她說：當我們面對重大的創傷、失落、悲傷時，會經歷五個階段：否認（假裝沒事）、憤怒（責怪對方）、協議（設定願意寬恕他的條件）、沮喪（我出了甚麼問題）、接受（接受事實，重建自己）。所以，我們必須給自己一段療傷的時間，直到能接受這個受傷的事實，就會從中獲得益處。

探索② 練習駕馭我們的情緒

情緒無所謂對錯、好壞，我們要接納自己的情緒，我可以有憤怒、悲傷、恐懼、憂鬱或喜悅、興奮等情緒，但成熟的人必須為自己情緒的表達設定界限。每當你有情緒時，要知道如何駕馭你的情緒，自問：為什麼要憤怒？憤怒到什麼程度？可以向誰表達憤怒？用什麼方式表達？等。

探索③ 從創傷中獲益

想起一次創傷經驗，用成人的正能量，找到從中成長的轉捩點。

探索④ 修改我的反應方式：我不再這樣反應

當下的情緒與童年經歷有關，與當下發生的事件，其實關係不大，所以更新觸發誨的最重要方法就是：不再這樣反應。只要告訴自己不再這樣反應，慢慢的你就可以找到新的反應方式。

學員分享時間

一、陪伴情緒（略）

二、設定情緒疆界

學員A 情緒不好時我會吃東西，現在只要我開始想找東西吃時，我就去意識它。我先接受我的情緒，讓自己冷靜一下，其實很快就過去了，我發現接受我的情緒，我就很容易駕馭它。

學員B 以前一有什麼不高興的事，我就碎碎唸，碰到人就說，一件事情可以說上好幾遍。現在我接受我可以有情緒，我也陪伴一下我的情緒，我就不會碎唸了，情緒也可以比較快的過去。

學員C 以前我很容易生氣，覺得生氣有理，得理不饒人，大聲罵人，把氣氛搞得很僵。現在我知道情緒要有界限，不能無限上綱，我先讓自己冷靜一下，盡力輕聲講話，也不再得理不饒人。

學員D 以前我有什麼難過的事，我會一直想、一直想，想到睡不著。現在我會為我的負面情緒劃定界限，不再讓自己一直想下去。再想的時候，我就分散注意力，去做別的事或想別的事。記得老師說：想一件快樂的事來代替它，這真的很有用。每次想起負面的事，我就讓自己想一件快樂的事，一而再地這樣做，負面的情緒自然就煙消雲散了。

三．從創傷中獲益

學員A 母親是被父親強暴後生了我，所以母親很痛苦，也很難愛我，小時候常常歇斯底里地罵我。長大後，我可以理解母親的痛苦，慢慢地修復我與母親的關係，也學會了堅強與善解人意。

學員B 在我人生中，有過一次被誤解又百口莫辯的事件，讓我一直受到憤恨不平的情緒干擾。聖經上有句話：「天主讓一切事發生，為使愛祂的人得益處。」於是我一面接受自己的負面情緒，一面反覆思索，想從中得益處。終於，我從中學會了幾件事：第一，事情發生我要給人足夠的時間解釋。第二，我要從不同的角度看一件事。第三，事情發生不要去爭誰對誰錯，找出解決辦法更重要。第四，從此我變得豁達開朗，能從容不迫地面對問題。

學員C　經歷一次受屈辱、被謾罵的事件之後，我奮發圖強，讓自己更具有能力，表現更優秀，終於被挖角到一家更有名聲的公司，擔任更高階的職務。

學員D　我媽媽有個很容易動怒的父親，對孩子的要求很高，特別是對男孩子。媽媽說：常看到哥哥們被打，直到長大後跟在祖父身邊做生意的舅舅都還有被打的情況發生。於是媽媽說：我當時就下定決心，絕對不打孩子。我們就是在媽媽的創傷中獲益的小孩。

四、修改我的反應方式

學員A 我常常不高興時，就邊做事邊摔東西，接下來就是一場大戰。現在每當我又想要摔東西時，就讓自己冷靜下來，靜止不動幾分鐘，我發現這個方法很好，讓我動作放輕柔，讓我有機會回顧：到底發生了什麼事？也許惹毛我的，只是蒜皮小事，也許對方只是不經意的一句話、一個動作，或許我自己也有不對之處。

學員B 每當別人開口要我幫忙，我總是一口答應，然後就苦了自己。現在我會先說：讓我考慮一下。我不再擔心如何拒絕別人，或害怕表明自己的立場。

學員C 我常常很愛發表意見，也很堅持己見，同事給我的評語是：好爭、愛說教、過度熱心、好管閒事。我總是不解，我認為是為大家好。老師說：堅持己見也是自信不足的現象，於是我開始把目光轉向自己，看看自己有什麼需要修正的地方？也學會如何表達關心、接納、親切、微笑，而不急於想幫人做什麼。慢慢地，再遇到事情，我不會馬上表達意見，或提供自以為是的服務。我的人際關係反而變好了。

第十章

回首來時路——有緣此生，不負光陰，活出精彩的自我！

回顧過去需要勇氣，
哪個階段發展得不夠好，
現在就修補那時的欠缺。
彷如你做了自己的父母，
陪伴自己重新來過，
相信自己：我能面對就能改變。

艾瑞克森的研究表明，每一個人都必須在每個生命階段接受挑戰，必須在各個發展階段中兩相對立的觀念取得平衡，而不是拒絕任何一方。只有充分理解且接受兩相對立的觀念，才能夠獲得在這個階段中要產生的心理能量。例如：「信任」與「不信任」二者必須都能接受與理解，才能在生命的第一階段實現「希望」的心理能量；「統整」與「絕望」二者必須都能接受與理解，才能在人生最後一個階段，得到「智慧」的心理能量。

不管你幾歲，都能往前整合前面階段的人格發展

艾瑞克森強調每個階段都可以彌補前面階段發展不全的部分，例如嬰兒期發展的信任，在下一個幼兒期階段也還需繼續發展，其實貫穿整個生命階段都需要持續地發展。因此，如果在某個階段沒有發展好，可以在下一個階段補強、修正。

每一階段的發展由看似兩相對立的性格傾向所組成，分別為：「信任 VS. 不信任」、「獨立自主 VS. 羞愧懷疑」、「主動 VS. 罪惡感」、「勤勉 VS. 自卑」、「自我認定 VS. 角色混淆」、「親

密VS.孤立」、「生產繁衍VS.頹廢停滯」、「統整VS.絕望」。各階段平衡發展將產生的心理能量爲：「希望」、「意志」、「目標」、「能力」、「忠誠」、「愛心」、「關懷」、「智慧」。

下列圖表幫助大家清楚看出各階段的延續性，例如：嬰兒期發展出對生命充滿「希望」的效能，貫穿整個生命都持續發揮，以此類推。

每個階段固然有其發展的任務，固然有其要特別解決兩相對立的性格傾向，但每個階段也都同時表現出前一階段的任務，並強化其功能，使之發展得更好，例如：在嬰兒期要發展的「信任」沒有發展好，在下一個階段幼兒期可以補足或修正，甚至貫穿整個生命，都可以再繼續努力，強化信任能力。

修補夠了，老年期就會是這一生最美的時候了

我們在下一個階段要如何補足前面階段的任務呢？重點是我們必須知道影響發展的問題在哪裡？例如：嬰兒期信任感沒有發展好，是因爲沒有受到妥善照顧，現在我們就要有意識

地把自己照顧好，努力地將自信心發展出來。幼兒期沒有賦予足夠獨立做事的機會，沒有培養出足夠的意志力，現在就自己找機會做事，也欣賞自己的成就感；學前期如果父母總是要求過高，太過嚴厲，造成退縮，就鼓勵自己勇敢做自己的決定。學齡期不夠勤奮勉勵，就發展不出能力來，如今我就讓自己勤奮一點，好感受到自己的能力。青春期是自我認同的重要時期，如果你還不能肯定自己，就從認識自己的能力、性格與興趣著手。成年期如果沒有發展出與人建立親密關係的特質，現在就刻意對人表達親切、自然、溫暖、開放……等特質。壯年期就要多多爲別人、爲下一代付出與關愛，享受自我實踐的滿足與愉悅。老年期要有「整合的智慧」，轉化負面的經驗爲成長的來源，轉化創傷爲恩典，好能淡然地面對自己的老化，並充滿情感地與世告別。

							智慧
						關懷	關懷
					愛心		愛心
				忠誠			忠誠
			能力				能力
		目標					目標
	意志						意志
希望							希望
嬰兒期	幼兒期	學前期	學齡期	青春期	成年期	壯年期	老年期

因此，回顧自己的生命故事是重要的，可以幫助我們補充或修復沒有發展完善的任務。回憶往事時，可以參考上列圖表及第一章提供的圖表，看到各階段的發展重點，貼合在自己的生命故事上，你就容易覺察自己該如何努力、如何修正、如何補強、如何趨於統整。

能面對就能改變，還原生命的眞善美

生命中曾經發生的事件未必重要，也許還有些傷痛，但其角色就是讓自己走向完整。也許過去的並沒有眞正過去，也沒有眞的改變什麼，只是以一種不同的形式存留到現在。猶如古道依然存在，只是被荒煙蔓草覆蓋，有心之士總可以在龐大的歷史脈絡中抽絲剝繭，找出線索，還原古道樣貌。

生命科學的研究認爲每個物種都有其演化的譜系，同理可證，每一個生命的經驗也都有其特徵與專屬的演化譜系，每一發展都繼承了過往複雜的牽扯，大多因爲長大而迷失；將其間的層層疊疊清出條理來，讓那些不經意的小事，或一切酸甜苦辣，轉化成寶貴的精神資產。

未來，是否能負重前行？端看你是否有勇氣回首來時日；是否能夠解決自己的陳年痼疾？端看你是否勇敢面對自己，而不選擇逃避。

治癒是一條找回眞我的路，再度像幼兒一樣地信任生命

兒時最純眞、最簡單的夢想、信念，都會被層層疊疊的經歷壓制。復返眞心，找回原本眞我，決心是唯一的動力。那跨不過去的坎，其實下定決心，就不難了，跨過之後，迎來的是海闊天空。

王安石的集句詩：「風定花猶落，鳥鳴山更幽。」以吵雜反襯寂靜，呈現靜中有動、動中有靜的意境。在面對生活的挑戰、挫折、失敗、被誤解……時，常常讓我想起這詩句，煩躁的心靈當下安靜下來。現在用這詩句看待生命中順境與逆境，鼓勵自己展現整合的智慧，似乎也很恰當。成長過程中的傷害，不要以爲長大就好，也不要以爲傷害太大無法療癒。艾瑞克森告訴我們不要逃避危機，只需盡可能提升自我能力，化危機爲轉機。找對方法，個人再

持續地努力，成長便指日可待，成功就近在咫尺。

容許自己停下來，讓忙碌躁進的自己沉澱下來，讓深淺不一的回憶浮現，從不同的經歷找回缺席的碎片，將記憶的碎片拼接出自己原來的樣貌。穿過一直在意的傷痛，或刻意忽略的關鍵點，發現受傷受苦的眞我正等待成長，將所有的「經歷」茁壯成長爲豐富的「資產」，將創傷轉化爲恩典，使自己成爲最眞實的自己。從頭到尾發生的事件未必重要，但一直退縮在角落的眞我，正等待讓自己統整成一個今昔互映的自己。

自我探索時間

探索① 回顧生命事件：找到自己的生命脈絡

1. 生命中曾經幫助或傷害過我的事件，不論是單一事件或連續發生的事件

幫助我的事件：

①

②

③

④

⑤

⑥

傷害我的事件

①

②

③

④

⑤

⑥

2. 畫出生命線

把回憶起來的事件，依年齡由小到大把事件寫下，積極事件寫在生命線上方，消極事件寫在下方，寫下事件代號和年齡。

3. 畫出高低曲線：由5到－5，畫出影響的程度，起伏越大的事件，對我們的生命影響越大。

4. 看看自己畫出來的曲線，有什麼心情？

範例

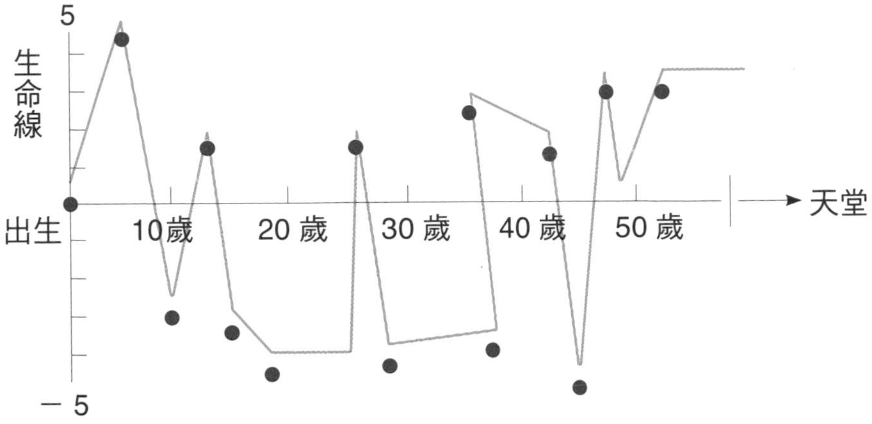

畫出你自己的生命線 將你的年齡先除以5，填上5段年齡

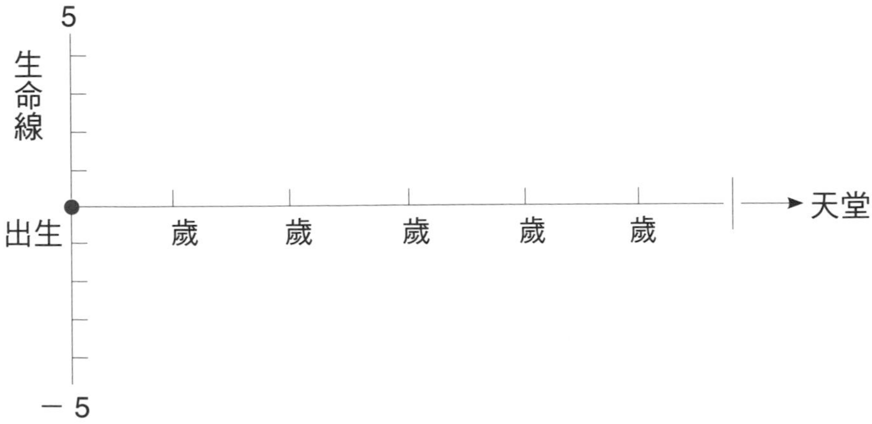

探索②　各階段經過修正、補充的經驗

艾瑞克森說：每個階段都可修正或補充前面階段的發展危機，如果你正在閱讀本書，並一路跟著練習，你已經重新走過生命的每個階段，請描述一下你的回顧經驗：在哪個階段有什麼缺憾？這個經驗如何影響了我？如今我的改變是什麼？是什麼讓我改變？

例如：在嬰兒期，父母很忙，我沒有受到很好的照顧，我一直覺得自己不夠好、沒自信，多年的工作給我成就感，慢慢地我有自信多了。

例如：在幼兒期，爸爸的管教嚴格，我不敢表達自己，也很怕衝突，所以長大後一直不敢反對別人的看法，或拒絕別人的要求。當我知道我必須修正自己後，我很努力地在生活中、工作中學習表達自己，現在我可以表達自己的意見。

探索③　檢視自己的生命歷程，你發現自己的人生轉折點有哪些？

例如：我一直對自己沒有信心，當我半工半讀唸完大學之後，對自己有了信心，生命開始有了轉變。

探索④ 用冥想的方式修改我的曾經

如果你感覺到某個階段的缺憾還沒充分修正或補充，要勇敢面對曾經有過的傷痛，好使自己成為更有效能的人。

步驟1. 安靜下來、深呼吸

步驟2. 讓一個具體的生命事件再次浮現，陪伴一下還在隱隱作痛的感覺。

步驟3. 邀請深愛我的人（或耶穌）的參與，他看見我、聽見我、觸摸我、陪伴我

步驟4. 如果愛我的人（耶穌）在，他會怎麼做？他會說什麼？

步驟5. 因為他在，我有能力重新以更正面的能量看待這個事件，我要如何看待？

步驟6. 重新以更正面的能量看待的這事件會是什麼樣子？

步驟7. 經過這一次的冥想，這個事件引導我用什麼具體的作為來面對類似的事件？

探索⑤ 邀請朋友幫我修補過去的缺憾

既然發展是社會性的，人際關係能夠幫助我發展、補充或修復我的過去，我將如何邀請朋友參與我的生命？可以溫習各階段的發展任務。

5W+1H的思考模式：What（何事，對策），Why（為何，目標），When（何時），Where（何處），Who（誰），How（如何，措施）。沒有前後順序，也不一定每個都用上。

舉例：我是一個缺乏自信心的人（Why），在大庭廣眾之下（Where），我不敢表達我的意見（What），我要邀請小陳（Who），當我猶豫不決的時候（When），鼓勵我勇敢說出我的意見（How）。

探索⑥ 生命經驗的連結

生命中發生的事件並非一個個獨立的事件，是一個個事件串連成現在的我們，缺一不可。能看到這些事件彼此的關係，讓我們對自己的生命脈絡更容易掌握。

1. 看到自己生命中故事與故事之間的連結性，找到癥結點。

例如：我沒有自信心，也不容易信任別人，讀書時成績不好，更讓我沒信心，出了社會找工作，常常很擔心老闆不要我，做事常常擔心做不好，交朋友也都放不開。

2. 持續賦與生命經驗的新意義

例如：我不斷告訴自己：我可以做到！當我又開始擔心把事情搞砸時，我就告訴自己：要有信心，盡心盡力就好。

3. 寫心靈日記：鼓勵自己持續寫生命故事的連續劇。

養成習慣盡量把發生的事情、自己的心情、別人的反應等，寫下來，有助於讓我們看清事實，掌握成長的脈絡。一時看不懂的事件，會因為回顧心靈日記，找到這事件發生的意義及它在我們生命脈絡中的位置。

學員分享時間

一、回顧生命事件：（省略具體的事件，只分享畫完曲線的感受）

學員A　看到自己畫出來的上下曲線，更清楚自己的生命故事，感覺很好。

學員B　畫下了自己的生命曲線之後，才發現自己的生命全貌，也更清楚知道自己該在哪些地方努力。

學員C　畫完之後，我好興奮，我看到我自己是在倒吃甘蔗，我一直很哀嘆自己的命不好，沒想到我是越來越好，目前我很滿足我的生活，從今天開始，我不再哀怨我的過去。

學員D　畫完之後，我好感謝，我有疼愛我的父母，有愉快的童年，雖然青少年期有些不如意，工作上有些挫折，但我都一一挺過來了。

學員E　我發現在低谷中，我仍能勇敢前進，沒有失去希望。即使此時回顧低谷，仍然感謝所有的際遇，日子沒有白過，我堅信未來會過著曲線在上的日子。

二、各階段的修正、補充經驗

學員A 在學齡期，讀書為我是最痛苦的事，成績不好一直讓我覺得不如人。直到青少年期，我都很自卑，很內向，生活沒有樂趣可言。出了社會工作後，反而從工作中獲得成就感，又利用機會去念了大學。之後我不再覺得不如人，現在我每天都充滿了活力與希望地生活、工作著。

學員B 價值觀扭曲的父親讓我的童年與青少年非常痛苦，每天都在驚恐中度過。念大學時，我下定決心離家越遠越好，開始參加許多社團活動，享受同學的友誼。交男朋友時，我特別注意他跟家人的互動，我有幸找到一個家庭健全、父母溫和的丈夫，現在我有個幸福的家庭，先生非常顧家，很愛我及兩個小孩。

學員C 我有個很迷惘的青春期，偏偏又念了一個冷門科系，出了社會也不知道自己有什麼能力？可以做什麼事？每個工作都覺得不是自己的興趣，也沒有學以致用，其實我也不知道我的天賦在哪裡？所以一直換工作，直到來上課，重新回顧走過的每個階段，我找到我的問題在哪裡？也知道我該怎麼努力了。老師說了一句話：「20歲以後的生命要靠自己。」我很有感觸。從今以後，我不再怨天尤人，專注在眼前的工作，認真做好。要讓自己更好，增加自信心、常常感謝、找機會付出等等，感受到自己的價值。

學員D 我從小喜歡畫畫，可是父母都跟我說畫畫不能養活自己。高中時期我情不自禁參加了畫畫社，我的畫居然比賽得名，父母才承認我有畫畫的天分，當我念大學時，想唸相關科系，父母沒有阻止我，現在我在才藝班當老師，非常開心。

三、檢視自己的生命歷程，你發現自己的人生轉折點有哪些？

學員A　出門不知道回家的我，每天下班總喜歡在外面蹓躂，任媽媽如何嘮叨，我都改不了。養了狗之後，我居然每天準時回家，因為我不回家，小白就不吃飯。這下媽媽可開心了，而我也因此與家人有了較多的互動，慢慢體會家的溫暖。

學員B　到教養院工作是我第一份從事服務人的工作，也是我生命的轉折點。為無法言語的他們服務，這看似一份得不到回報的工作，但從他們露出滿意的笑容，我的收穫是無法言喻的滿足感。從工作中我體會到被接納、被肯定、被欣賞，這工作讓我找到了自己生命的意義與價值。

學員C　把高中念完是我生命的轉捩點，早年因故輟學，以後也沒有心再去讀書，總覺得自己不是讀書的料。沒想到幾年前，因修女的一句話，我真的去把高中讀完，拿到畢業證書時，我實在太高興了！頓時感覺全世界都在為我歡呼，更重要的是我突然覺得我還是可以的，我有能力做我想做的事，於是我開始找進修的機會去拿證照，每拿一個證照，就讓我對自己更有信心一點，現在我也繼續念空大，修社工學分，感覺未來有無限希望。

學員D 成為天主教徒是我人生最大的轉捩點，我開始學會與神對話，將心中的一切向祂傾述，我的情感好像找到了落腳處，我不再糾結於人際情感中。一段感情剛結束的一、兩年，我有很深的孤獨感，但我一直抓住祂的手，深信主與我同行。我天天向祂傾述，慢慢地我可以放掉那一段不堪回首的感情。

四、修正我的曾經

學員A 這次來上課，正是一段情感吹了之後，我很寂寞，過著很消沉的日子，也有自殘的舉動。我冥想這個事件，邀請耶穌來陪伴我，我聽到耶穌一直告訴我：我一直在你身邊，你想做什麼我都會在你身邊，陪伴你，幫助你，只要你振作起來。於是我開始學習一個人生活，一個人夢想未來，每天我都邀請耶穌與我同行，意識到耶穌參與我的生活，我很有希望。

學員B 有一被誤解的事件一直縈繞在我心頭好多年，每次想起，總是隱隱作痛。這次我邀請耶穌來看看這一事件，突然有句話浮現在我腦海：這事是絆腳石，還是墊腳石？我茅塞頓開，是呀！我要把它當墊腳石，被誤解是常有的事，我要培養心中自有的那把尺，要增加自信心，能夠自我衡量，不要被人衡量。我開始思索我是怎麼被誤解的，我要如何修正自己？如何避免重蹈覆轍？沒想到這個事件幫助了我以後做人處事的態度。

學員C 有一個進修的機會，我向長官爭取，剛開始她答應了，我很高興，也下定決心要好好工作，不辜負她的栽培。沒想到不知為何她突然改變心意不讓我去，我頓時非常失望，很難過，也很生氣，有種被否定的感覺。有一個我很信任的老師，我一直與她有聯絡，碰到問題也會去請教她。這次冥想，我想像老師會如何看待這個事件，她告訴我：你要進修是好事，一定還有機會的，要等待，耐心等待，只要你確定你要的，你會注意到身邊的機會。

五．邀請朋友參與我的生命

學員A 在工作上遇到不懂的時候，我會問資深的同事，雖然她是外籍，語言有時不通，但她總是很熱心地幫我，我們成了好朋友，也因為她是外籍人士，我也學到了用不同的角度看待事情。

學員B 我有一位非常關心我的老師，多年來我只要一遇到問題就找去她，她也總是不離不棄，非常有耐心地陪伴我、指導我，等我從悲情中回過神來。我的生命能走到今天，還真不能沒有她。

學員C 我有一、兩位知心好友，碰到心情不好或遇到困難，即便沒什麼事，我也會主動找一好友出來走走、聊聊、吃頓飯，真的很療癒。

學員D 上了課，我知道我對自己還沒有很清楚的自我認同，老師說：自我認同要認同我是誰，我的能力、個性、興趣。我刻意邀約了一位多年好友，我們一起回憶往事，一起從我的能力、個性、興趣切入，我一邊聊一邊做筆記，從午餐聊到晚餐，我真的收穫很多。

學員E 我終於知道我卡住的點在幼兒期。我有一個非常嚴厲的父親，要求很多又很高，我常常挨罵，被數落，做事情畏首畏尾。我邀請先生陪伴我在這一點上，給我機會，鼓勵我用自己的方式做事。當我又陷於左思右想時，先生用一個微笑、一個了解的眼神，提醒我勇敢做自己。有一天先生告訴我：將來你會把我們的孩子帶得很好。我聽了好感動。

七．生命經驗的連結

學員A 從小我就害怕孤獨，一直想要有朋友、有同伴，不想回到空蕩蕩的家，於是整個青少年期我用盡各種方法、找尋各種機會，要與人連結，與人產生歸屬感。歷經了愛恨情仇，從充滿希望到跌入谷底。最後終於找到了神，在神的陪伴下，我找到了心中那深深的歸屬感。、

雖然經歷那麼多的不堪，如今回想也充滿感謝，就是那些曾經，讓我深刻地悟出再多的物質、再多的人都不能回應我內心深處的渴望，唯有造我的神才能。現在的我不再有任何束縛，不再糾結於人際情感，我輕鬆自在地做自己，心中有了清楚的方向和目標，踏實地完成眼前該做的事。充滿自信地欣賞自己的美好，心中不再空蕩、孤獨，有神的陪伴哪裡都是歸屬。

學員B 我是老大，爸爸很疼我，從握筆寫字開始，識字、算算數、寫毛筆字、撥算盤、學樂器、學打字……，一切都歷歷在目。媽媽帶著我做家事、要我替

她寫信給舅舅、帶好弟弟妹妹……。現在回想，我做事能夠認真負責、勤勞不懈，無論在什麼職涯都能勝任愉快，這一切都由從小到大的一個個生命經驗連結而成的。

學員C 生命經驗的連結讓我清楚看到我人生的前因後果，似乎也沒有什麼可以怨天尤人的。對我自己有了一個清楚的脈絡之後，我很清楚知道：接下來我該怎麼做了。

慧娟老師最後的叮嚀

1. 我的經驗：當學員們走過了整個課程下來，我們都很清楚的看到每個人在每個人生階段都有一些發展上的缺憾，特別是前面的五個階段。也都看到每個人都有修正或補強前面階段的經驗，經過一段時間的努力，我們也都感受到自己越來越進步，日子過得越來越快樂、豐富。對於我們的人生是該充滿希望的！

2. 生命是活的，如溪水不停地流動，為學如逆水行舟，不進則退，所以我們不能讓生命停滯不前。要記住生命各階段的發展任務，隨時隨地利用眼前發生的事件，展現各階段的生命能量，特別是小時候沒有發展出的生命能量。

3. 每個階段都可能有發展不足或過度發展的情況，每個人要清楚知道自己的發展狀況，才能用具體的方法修正或補強。

4. 大部分人都傾向用被討厭來定義自己，而非被愛。我上課時也常提醒學員：「我說你聰明你不相信，我說你笨你又氣得要死。」先愛自己吧！一切都將舉重若輕。

5. 《易經》上說：「同聲相應，同氣相求。水流濕，火就燥。人生最幸福的事就是遇到相知相惜的人。請記住，在成長的過程中，特別在修復生命的過程中，要找到幾個志同道合、可以彼此鼓勵、互相規勸的知己好友。

6. 如果你是為人父母或為師長者，請熟念艾瑞克森的理論，他的理論完全可以指導你的孩子防患於未然。

7. 最後用艾瑞克森的話，再次提醒大家：「幾乎沒有任何創傷不能在日後被治癒。」聖經上也說：「我幾時軟弱，正是我有能力的時候。」（格後12：10）我也聽過一句話：「風平浪靜造就不出優秀的水手。」

大家加油！

熟年優雅學院
Aging Gracefully 50

勇敢去飛—讓艾瑞克森陪你找回內心的力量

作　　者　黃慧娟

總 編 輯　張芳玲
編輯主任　張焙宜
封面設計　陳淑瑩
內頁設計　陳淑瑩

太雅出版社
TEL：(02)2368-7911｜FAX：(02)2368-1531｜E-mail：taiya@morningstar.com.tw｜太雅網址：http://taiya.morningstar.com.tw｜購書網址：http://www.morningstar.com.tw｜讀者專線：(02)2367-2044、(02)2367-2047

出版者：太雅出版有限公司｜106020臺北市辛亥路一段30號9樓｜行政院新聞局局版台業字第五〇〇四號｜讀者服務專線｜TEL: (02)23672044 / (04)23595819#230｜讀者傳眞專線 FAX: (02)23635741 / (04)23595493｜讀者專用信箱 service@morningstar.com.tw｜網路書店 http://www.morningstar.com.tw｜郵政劃撥｜15060393（知己圖書股份有限公司）｜法律顧問 陳思成律師

印　　刷　上好印刷股份有限公司 TEL：(04)2315-0280
裝　　訂　大和精緻製訂股份有限公司 TEL：(04)2311-0221

初　　版　西元2023年05月01日
定　　價　380元
(本書如有破損或缺頁，退換書請寄至：台中市西屯區工業30路1號 太雅出版倉儲部收)

ISBN 978-986-336-442-9
Published by TAIYA Publishing Co., Ltd.
Pinted in Taiwan

國家圖書館出版品預行編目(CIP)資料

勇敢去飛 / 黃慧娟作. -- 初版. -- 臺北市 : 太雅出版有限公司, 2023.05
面；　公分. -- (熟年優雅學院 ; 50)
ISBN 978-986-336-442-9(平裝)

1.CST: 心理諮商 2.CST: 心理治療

178.4　　112003567